本性相見歡

04

攝心守意
眼觀何處

禪和尚 本性 著

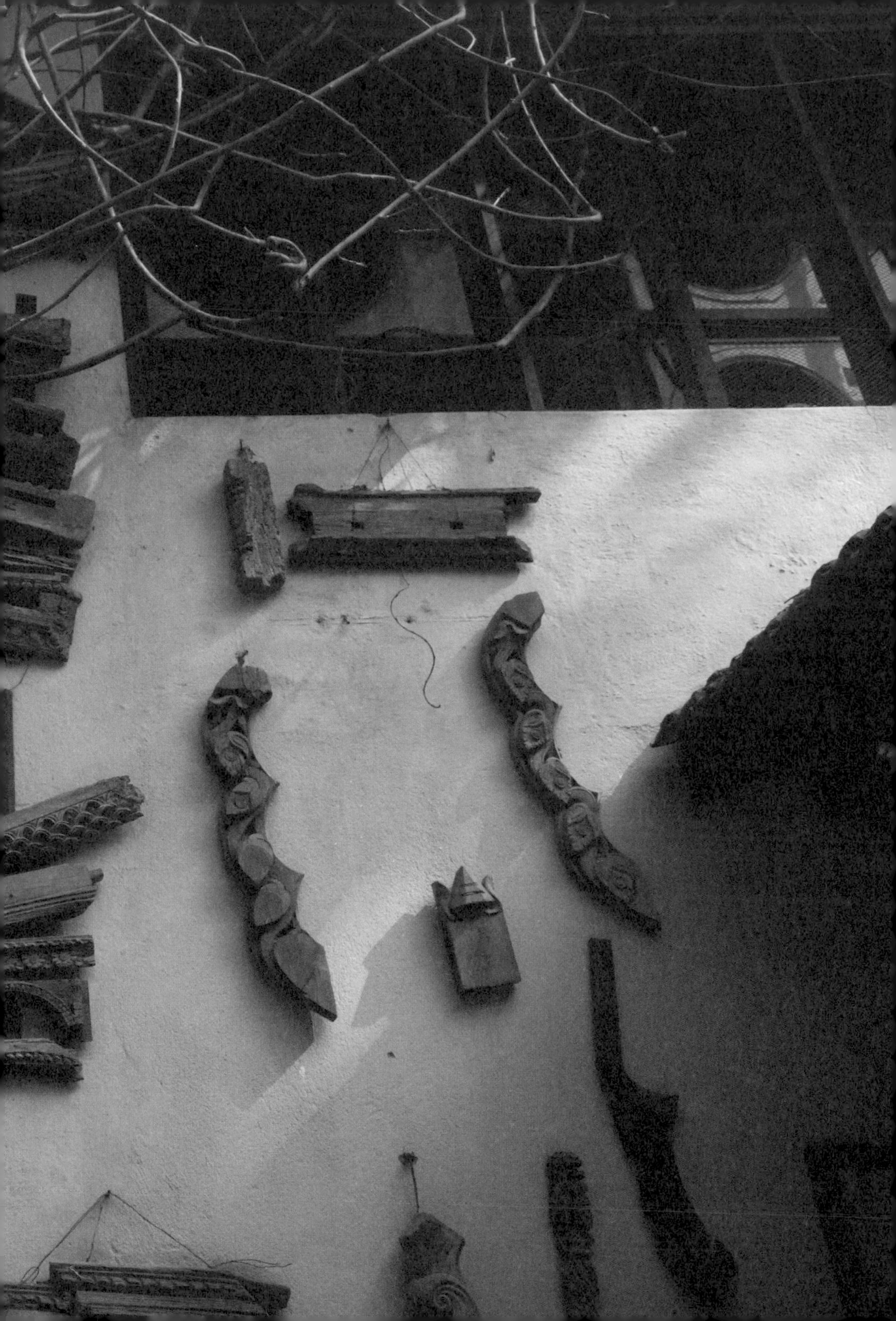

目錄

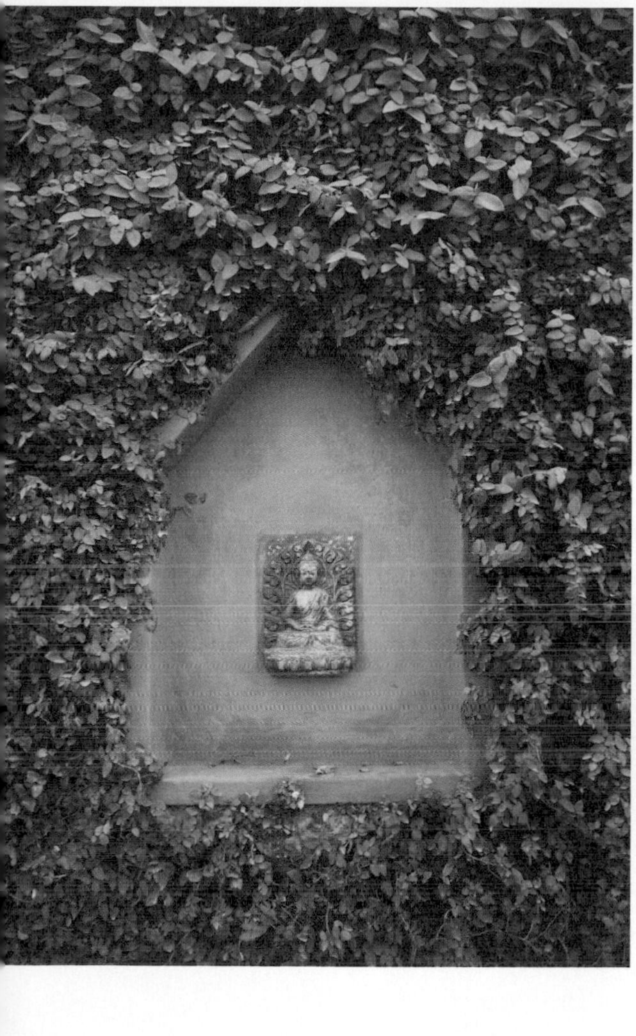

我的僧涯，該留下點什麼？〈代序〉

《佛說四十二章經》的第一章有語：「辭親出家，識心達本，解無為法，名曰沙門。」明朝憨山大師在《夢遊集》中，引用了該語，直指做為出家沙門，離欲為第一行。認為，如心醉五欲，便無法出離。那樣，便是外欺其人，內欺其心。這教示很震撼我。

比丘本性，一九六五年出生，一九八五年剃度。由於根機淺薄，悲智難運，福德難俱，一直在學修的路上，進退失據。由於常駐過一些叢林、院校，有些同參與同學，知道他們學修日進，左右逢源，我是相當的羨慕，同時，也非常的汗顏。為此，我每天於晨起立願，發下當天與未來之誓，自我加持，祈諸佛菩薩加被；更於入睡前省思，反省、自省、慚愧、懺悔當天與過往的過錯。

本人恩師明暘長老，生前對本人有兩大期許，一是期望本人做個悲天憫人的僧人，二是期望本人做個解行並進的僧人。一直以來，比丘本性以此做為僧涯座右銘。

諸法因緣生，諸法因緣滅，我師大沙門，常作如是說。本性自知，於大千世界，萬象人間，自己只是一隻螞蟻，或一隻蜜蜂，或一隻飛蛾。緣木過河，向花而去，甚至赴火。生命瞬息，而且渺小。只是，我也很欣慰，乃至很知足。畢竟，如蟻，努力著，冒險著；如蜂，追求著，夢想著；如蛾，奉獻著，犧牲著。

佛陀說，如是因生如是果。無論聖賢還是愚夫，走過就有足跡，做過就有痕跡。平凡如我，我的僧涯該留下點什麼？我是一個僧人，我是一介書生，依著我的本業，我的本份，我想著，我或許還可以留下一些文字，記錄這個時代的僧人，記敘這個時代的自己。

比如，我自己，我的出家，我為沙門，我為了什麼？想做些什麼？自己總結一下，就是：倡導心靈非暴力；致力以佛心導正人心，回歸信仰，以佛道輔正世道，重建道德；弘揚慈悲、智慧、忍讓、包容、自省、懺悔、中道、圓融、和合、共生；專注心靈修證、心靈文化、心靈教育、心靈慈善；宗於中華禪；踐行南北傳佛教交融，東西方文明對話；促進重返佛教軸心時代，再現佛陀榮耀時光；推動全球倫理構建；實現苦難的拯救，煩惱的解脫。

為此，剃度以來，教務之餘，延續出家前的愛好與習慣，喜歡讀些書與寫些文章。雖然，這些拙作的思想與水平，連我自己都不敢恭維。可是，因緣所在，性情所致，所以，也就有慚有愧，卻無怨無悔，陸陸續續，將之輯錄於此，做為本人感恩、敬畏、自省、結緣之人生的一個部分，不求與舍利同輝，不惜與書本同塵。

比丘本性

序於福州芝山開元寺靈山堂

壹輯

心觀何處

01

心觀何處

近日，第五屆水陸空法會在進行。諸壇莊嚴，梵音延綿。眾生歡喜，功德巍然。諸大功德主虔誠善美，感應龍天。衲本性愧為總主法，感恩感動，欣慰贊嘆。為令各大功德主福德俱足之外，更添慈慧，特作此小文，以為供養。

水陸空法會主要目的之一：便是令眾生免沉淪，促提升。

如何免？如何促？要做心的文章、要做身的文章。

佛陀告訴我們：

一、**針對多貪眾生，要令作不淨觀**。

如「觀身不淨」。試想，身之生淨嗎？之老淨嗎？之病淨嗎？之死淨嗎？觀身讓人想到，只是穢聚而已。說實在，我是樂見一棵樹，不樂見……，這也是諸多禪師最終隱進山林的原因。

多貪眾生很可嘆。

比如，史上貪色帝王，三宮六院，多短命，其治理下的皇庭，多朝綱不振，奸臣當道，不少還下場可悲。

二、**針對多嗔眾生，要令作慈悲觀**。

阿修羅本來很美，因多嗔，變可怖。嗔是拿他人過錯懲罰自己。接不

愉快電話，把自己電話機摔了，誰損失？對方會賠你嗎？其實，這世間有何值得我們去嗔，是金錢？名譽？地位？情愛？還是什麼？這些，緣起是空，最終是空，過程亦留不住，不應成為我們嗔的動因或對象。有人為金錢成囚徒；有人為名譽，眾叛親離；有人為地位，身心摧折；有人為情愛跳樓。有金錢不等於富有；有名譽不等於道德；有地位不等於高貴；有情愛不等於幸福。

一念嗔心起，百萬障門開。

多嗔眾生很可惜。

就以情愛為例，我們有位信徒，青年才俊，事業有成，但就為情愛所困，他愛戀一位舞蹈演員，他說：在乎一點她吧，想到她每天在舞臺上，與各類男舞者近距離接觸，心中就不是滋味，就對她產生怨恨心；不在乎一點她吧，又內心愧疚，覺得她本無過，她是那麼對他好，他怎可莫名其妙地嗔恨她呢？

體諒他人，看淡世間，慈悲心腸，嗔——便與你無關。

三、**針對多痴眾生，要令作因緣觀**。

痴主要體現在不能正確地理解、認識、把握，遵循世界與人生的生成、運行、毀滅的規律。痴者靜態地觀世界、觀人生，固執地執著於世界與人生的種種現象，從而使自己進入迷途，沉於迷境，無法看破，無法放下，無法超越，無法解脫。因緣觀的核心是因緣決定生滅，因緣造就沉浮，因緣便是無常，因緣便有苦空。因緣是我們佛教理念的奠基石。

多痴眾生很可憐。

你看那《儒林外史》中的范進，不悟名譽之空，過於執著，苦苦追求，一旦獲得，大喜過望，一下子瘋了，讓天下讀書人一想到他，便心酸無比。

四、針對多散眾生，要令作數息觀。

多散眾生，心是散亂的，身是不調的。煩躁就需靜定，不調就需諧和。數息是安心安身的好方法、好途徑之一。瑜伽法用之，禪法用之，乃至異教也以類似措施安定身心。

多散眾生很可笑。

他們睡不穩，食不香，心亂如麻，一會思這，一會想那，身如熱鍋螞蟻，天天上竄下跳，心身沒有一刻安寧。古人為何曰定、曰靜？就為了不散。別以為心散點沒什麼大事，要是在戰場上，一念之散，對方的快刀就臨頸了。

五、針對多障眾生，要令作念佛觀。

為何多障？因為多貪、多嗔、多痴、多散嘛。

貪嗔痴散俱足的人，有什麼好方法對治之呢？作念佛觀便是其一了。念佛方法雖簡單，措施卻得當，效果亦明顯，功德更無量。念佛既調身、調口、調意，更調心。念佛不僅開發己力，更得佛力加持，是一種引外力激發內力、以內力感應外力的好方法，為上中下諸根機的眾生普為適用。

多障眾生很可悲。

多障快可被稱「五毒俱全」了，當然可悲。

佛經中有一些多障者，如暴君、如賊首、如殺人狂，佛陀最終都以佛法馴服他們了。如今，佛陀雖在，我們多障，就視之而不見了。但是只要我們虔誠祈求，誠懇呼喚，佛陀還是自會感應，我們還是自能得救！

念佛一聲，地獄火滅；念佛一聲，罪滅河沙；念佛一聲，福慧俱足；念佛一聲，功德無量。

願——家家彌陀佛、戶戶觀世音的時代，正在來臨。

眾生無量，無論何種，只要入得以上五種觀法，自可免沉淪，自可促提升。

02

懺悔己身諸業障

佛教有句話：懺悔己身諸業障。

是啊，無量劫數以來，我們必定是身負多少業障。否則，怎麼會於日常生活與工作中，逆緣頻現，經常事與願違呢！

以前有位唯美主義的英俊少年，因為業障現前，他必須在美與醜之間作出抉擇：一位奇醜的公主戀上了他，如果他不娶公主，公主的父皇就要強迫他美麗的故人——一位紅顏知己嫁給一位奇醜的男子。為了故人，他作出了不情願的選擇。

為此，他很苦惱。有次，他向一老僧請教這苦惱的因緣。老僧告訴他：

三百年前，有位唯美主義的英俊少年，始亂終棄了一位女孩，就因為這女孩經一次火災事故後變得醜陋。英俊少年還另找了新歡——一位如他所願的美麗姑娘。被拋棄的女孩羞辱悲憤，發出重誓：「我一定要生生世世投生為奇醜的女人，終有一生一世，非讓他娶我不

可。」三百年後，因熟果結了。

佛教認為，業障不懺悔，業果難消。就如這英俊少年三百年前造的業，三百年後還發生著現行。

因此，有業障一定要心生愧疚，虔心懺悔。

雖然懺悔不能消滅業障，但可以讓我們渡過業障的苦海。就如不會游泳的人，雖然不能令大河乾涸，但憑舟楫還是能安然地渡過大河一樣。

03

只緣身在最高層

有詩曰：不識廬山真面目，只緣身在此山中。

又有詩曰：不畏浮雲遮望眼，只緣身在最高層。

胸襟決定寬度，思維決定深度，視界決定高度。

佛慈廣大，加持予我，無德無能，卻皈依者頗眾。今日觀音誕。三百餘新皈依中的一位善女問我：「值此之世，眾生根基淺薄，聽說，只有淨土一門好度，是否如此？」

在此世間，手之五指有長短，地之山岳有高低，佛法當然也有優劣——此見，走了偏鋒，其刃之利，足以傷人。

其實，我要告訴大家——

佛法無優劣；佛法無好壞。

佛法乃佛之法，佛陀親說，佛陀親證。佛法皆殊勝，佛法妙皆同。

佛法如有優劣之分，佛法如有好壞之分，宗派如有優劣之分，宗派如有好壞之分，那就等同於佛陀拿左手打右臉，拿右手打左臉，那就等同於這佛法打那佛法，那佛法打這佛法，就等同於這佛打那佛，那佛打這佛。這樣，真理就出現二元，世界就沒有了真理。這怎麼可能呢！

作為信徒，尤其僧侶，看待佛法要站在制高點，要身居最高層，要從全域上俯瞰，要從戰略上測度。任何以局部取代全域，以戰術取代戰略，以低層取代高層的想法或做法，都將使佛教的整體性、圓融性、正確性出現人為的偏差。這將導致宗派之爭，進而導致佛教六和精神的破產。

為此，當我們要贊嘆某一宗派之殊勝時，千萬不可貶低另一宗派。記住，只有不對機的人，沒有不殊勝的宗派。站在今天中國的漢地上，似乎念佛很好、很

旺，但是，同樣的時間刻度上，靜坐卻流行於南亞，禪修卻流行於歐美、日韓。當我說呼吸法很好時，你卻說觀想法很好，當我說念誦法很好時，你卻說禮拜法很好。哪個藥好？能治病的就好。哪種佛法不是靈藥?!哪種佛法不能治病?!

我們不能站在自己角度看他人問題，不能站在局部看全域問題，不能站在低層看高層問題，不能站在戰術角度看戰略問題。因此，我們不能只看到自己身邊的幾個人或一些人或大部分人喜歡什麼，就得出什麼結論。要知道，地球很大，不只有漢地；宇宙很大，不只有地球；眾生很多，不只有人。我們不能以一時的結論作為時間長河的結論，不能以一地的結論作為大千世界的結論，不能以一己的結論作為芸芸眾生的結論。

在現實的弘法或實際的修持中，我們對一宗或一法的崇敬、贊嘆、肯定，無可厚非，但對一宗或一法的否認，就否認了所有的宗派或萬法，就對那一宗那一法的修持者或崇拜者形成了致命的打擊，挫傷了他們的積極性，削弱了他們的信心、願心與行心。有人說：「寧動千江水，不動道人心。」如果這樣，就動了道人心。那麼，其過有無呢？

04

半日山居

近日，到福州北峰一片無名的山巒。那裡有一些樂山樂水的各行各業的中產階級人士，包括幾位國外的，建了些小房子，或石，或磚，或木。

小屋周邊多有一小塊地、一小潭水。地上種些蔬菜、瓜果。潭中養些荷花、魚兒。

帶我前往的是一位法師，他在那山上也有一小幢小屋，尚在內外環境的修整之中。

那座山巒距我常住的城市約有二、三十里，海拔高數百公尺。登高一望，峰巒疊嶂，連綿不絕。

此去，先國道，再省道，接著鄉村公路，最後是一條山間小道。小道兩旁茂草萋萋，有時間以樹林，或竹林；山澗或清潭。無意中，我們還看見了松鼠、野兔穿小道而過。

我們到達山上時，已是下午，轉山轉水轉小屋。

當時，去的幾家小屋多無人跡。同往的法師在那些小屋的牆角屋邊門旁一摸，就變魔術

般地摸出了進屋的鑰匙。

於第一家，我們在裡面自泡山上種的茶，品茗；於第二家，我們吃掉了屋主放在木桌上的大半盒自種門前的土花生；於第三家，我們下了一盤沒有勝負的用山上竹子做的簡樸的象棋；於最後一家，我們煮了稀飯，門口摘了點番茄，用了一頓別樣的晚餐。

餐後，天已大黑，借著我們幾個人自己手機螢幕的光亮，走了不短的一小段山間小道，方到一路邊的停車處，然後下山。

回到寺中，我在想著——人，真正需要的，到底是什麼樣的人生?!

05

危機四伏的人類現代文明

上星期，幾位媒體朋友來訪。茶話之間，談及現在世間種種亂相，問我有何感想。為此，特寫此文——

世界的穩定與和諧，在於世界有一定的秩序與規律。

近來有點鬱悶。似乎這規律與秩序，正在不斷被打亂與突破。

中秋節臨來，關於中秋的奇

聞逸事也多了起來。有文：「天子春朝日，秋拜月。」有詩：「舉頭望明月，低頭思故鄉」；「海上生明月，天涯共此時」。有傳說：嫦娥奔月，吳剛伐桂，玉兔搗藥。更有故事：唐明皇攜楊貴妃月下遊，一時興起，登升月宮，見上了吳剛與嫦娥，明皇還在那學了半部《霓裳羽衣曲》，後經補充，竟成傳世之唱。因不忘月宮之行，每年此時，明皇必作月下遊，此俗漸而影響到民間，便流傳至今。今天又有新演繹：嫦娥因耐不住寂寞，下嫁給了唐明皇；而楊貴妃因感唐明皇保護不了她，而高攀上了吳剛，讓吳剛娶走了。

同時，複製、人獸雜交的議題也繼續在延燒。

西方某國真是個有趣的國家，曾經是老牌強大帝國，而今又熱心於複製、人獸雜交技術的研究，搞無性繁殖，複製拷貝動物甚至人。十九世紀末，該國就以這種人工誘導的無性繁殖方式複製出了複製羊桃莉（Dolly）。我們的護法小猴子，拔根毫髮一吹，能變身千萬猴子，這神通讓該國人率先做到了。現在，在各國複製的猴、猪、牛、鼠……等等，紛紛出來了。

不僅如此，二十世紀初，該國又在搞什麼人獸雜交胚胎的實驗，要搞出半人半獸的東西來。曾經，我以美人魚為美，以獅身人面像為美，現在，我感覺，真要雜交出這些來，那可不是鬧著玩的。

報導說，現在男女性別的自然性也出現問題了。男性偏要通過人工變成女性，而女性也偏要通過人工變成男性。男人要嫁男人，女人要娶女人。

這些打亂與突破自然規律與社會法則的行為，其結果將是導致穩定與和諧的喪失和破產。

人類及社會是有其相應的道德、倫理、價值、信仰的，這些是基於起碼的自然規律與社會法則。從植物與植物的嫁接，到動物與動物的複製，再到人與動物的雜交，明顯是在違背此法則與規律。那麼，下一步是不是將要開始人與植物的嫁接雜交呢？這些是在試圖改變因果關係——因果律啊！毫無疑問，必將受到因果關係——因果律的必然懲罰！

站在宗教信仰者的立場，我總認為：以上行為混淆了神與人的自然界限；人與獸的自然界限；男與女的自然界限，以及他們間的社會界限。這種混淆，致使人類對神明失去了崇信感與敬畏感；對獸行失去了羞恥感和慚愧感；對人類本身失去了高貴感和難得感；對自然規律與社會法則失去了應有的尊重心與遵循行。這對社會穩定與和諧的基礎造成了強大的衝擊；對人類的健康延續和發展造成了強勁的挑戰。人類社會好不容易繼承下來的久遠的珍貴文明，如倫理、道德、價值、信仰等體系，將因此面臨頃刻崩塌的危險。一旦這種崩塌危險產生，必危機四伏。待得一切因緣聚來，那麼，一場人類社會的浩劫產生便難以避免。

日前我在騰訊微博上發過這樣一小節文字，算是對朋友問題的回答總結，並以之作為本文結尾吧：

這世界，真瘋狂。貴妃戀吳剛，嫦娥愛明皇。男人嫁丈夫，女人娶新娘。狗耳掛羊頭，人獸雜交忙。信仰崩，價值塌，道德失，倫理亡。可憐老衲：度之，度不得，難！化之，化不得，難！徒有舟，徒有槳，徒遙望，徒興嘆，徒慚愧，徒心傷。別責我，講話粗，別怪我，太反常。我要疾呼：還我彼岸！還我天堂！

06

生日三自問

九月某日，我出生。
十月某日。我重生。
重生那刻，我剃除鬚髮，僧衣著身，雙手合掌，拜在蒲團，認佛陀作父，誓隨此生。
每年，於這兩個日子，我都會捫心三自問：
我有沒有悲天憫人的情懷?!
我有沒有洞徹人生的智慧?!
我有沒有奉獻犧牲的精神?!
我常想，作為一顆不圓滿的種子，投到了宗教的良田，我應該發出什麼芽？長出什麼莖？開出什麼花？結出什麼果？
對佛陀，我充滿了無法言喻的崇仰。佛陀八十多歲時，還在為大千世界的生命尊嚴奔波行走，臨終，還苦口婆心，做最後的遺教。

這就如，對耶穌，我充盈了難以言喻的欽佩。為了世界的救贖，耶穌竟然甘願被釘在十字架上。

佛陀與耶穌，他們在生命最後的一瞬，傳達給我們的宗教力量，衝擊著我的心懷，伴著我的心跳，震顫不息，震撼不止。

我也想，我終究只是一個凡人，我無能對我的未來做出準確的預測，就如我不曾想過要探測出我的過往。

我活在今天！

我活在現在！

我知道我該做些什麼！

我知道我在做些什麼！

正如——

佛陀啟示我們該做些什麼！

佛陀知道我們在做些什麼！

就如——

我會清楚記得：十月某日與九月某日，是我的什麼日子。

07

「和」字當頭，同創未來

近期，華人僧伽會議將於印尼召開，會議組織者誠邀本人前往共襄盛舉。我因福建的教務纏身，未克前往，會議組織者便邀我作個書面發言。我想，這是件好事，便抱愧寫了如下文字：

記得，在《阿含經》中有四句偈語——

「此有故彼有，此生故彼生。此無故彼無，此滅故彼滅。」

這告訴我們——

因緣世界，世界因緣。

因緣意謂著互為因果，意謂著互相聯繫。

因果的世界，和合共生。

聯繫的世界，和諧共榮。

因緣誠殊勝，華僧大聚會。回顧過去，展望未來。讓人感動，令人欣慰。

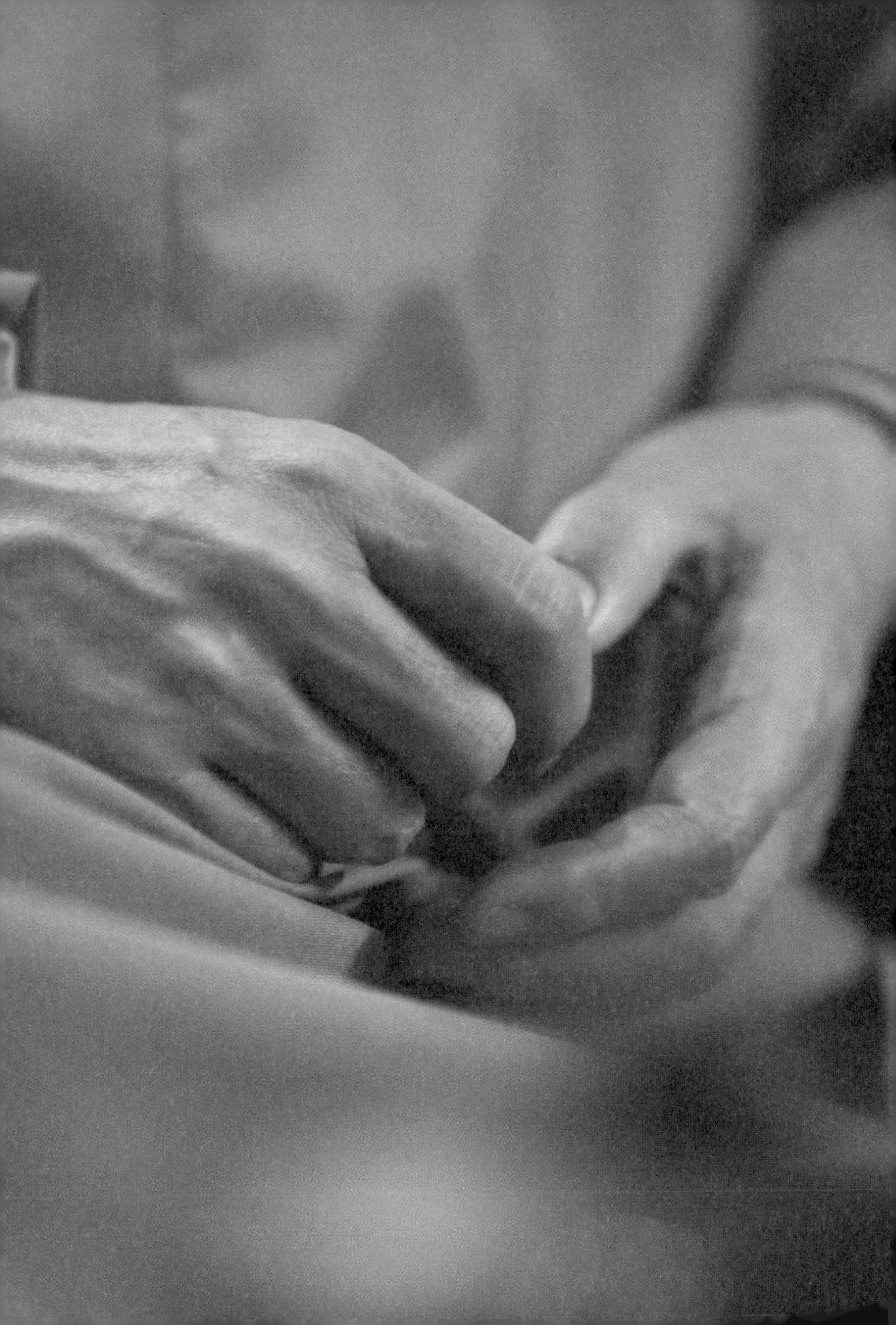

回顧佛陀創教伊始，就重視「和」，提倡身和同住、口和無諍、意和同悅、利和同均、見和同解、戒和同修。強調「和」對僧團團結穩定，對佛教延續傳承的至關重要性。歷代祖師對此六和更是念茲在茲，奉為圭臬，依教奉行。

因緣也意謂著運動，意謂著變化。

古老的佛教有為法的形式運動變化了，一些人對「和」的教誨也已淡忘。但實際上，佛教無為法的本質始終沒有也不會運動變化。「和」的精神，今天或未來始終還是僧團團結穩定、佛教延續傳承的基石。

首屆世界佛教論壇曾於杭州舉辦。論壇上，三大語系高僧大德們的智慧，凝聚出新的六和精神。即：人心和善、家庭和樂、人際和順、社會和睦、文明和諧、世界和平。

新舊的六和，形式不同，本質一樣。舊六和側重僧團，新六和側重社會。

今日，華僧同仁於此，共商榮佛良策，共議濟世妙方。我認為，「和」字一個，對於僧團，對於社會，重千斤，價萬擔。我們不能不堅持高高舉起，我們務必要堅持高高舉起。

和合共生，和諧共榮。

讓我們「和」字當頭，同創未來。

08

以師志為己志

明暘法師

近日，於浙江普陀山參加漢傳佛教規範傳戒研討班。於交流會上，代表福建省佛協作《關於福建省佛協二十期傳授三壇大戒法會的情況介紹》的報告。於閉幕式上，代表各省佛協作《只有以戒為師，才能正法久住》的大會發言。

期間，正是本人恩師上明下暘長老別離我們而去九周年的紀念日。想到二〇〇二年七月二十三日，神州大地上一座巨大的法幢折沉，山川失色，我等頓失依靠，心中充滿了無限懷念與感傷。

恩師於我是再生父母。他老人家不僅培養、關心我的深造學習，還教誨我要走一條有大信大願大行的弘法利生之路。

記得有一次，我從北京法源寺到上海，於圓明講堂，恩師回憶起當年在福建時的情景，尤其對福州法海寺與白塔寺等，如數家珍。在陪他老人家用餐時，他特別慈祥地對我說：單有慧根還不夠，還要有大信大願大行；他說：「你師公圓公大師就是這樣做的。」另有一

福州開元別院圓明講堂

次，我就恩師中文著作《佛陀及其十大弟子》的英譯事宜請他開示時，他給了我許多的教誨。他老人家說：「學佛就要學佛的大胸懷、人境界，因此，有國際性眼光、世界性視野是對的。」他老人家勉勵我在佛典的英譯上要繼續努力，要為中華佛教的走向國際、走向世界盡心盡力，作些貢獻。恩師還舉了玄奘的譯經例子。他老人家說：「譯經的功德無量啊。」還有一次，恩師到北京主持個法會，我去廣濟寺看他，他老人家把信徒送他的蘋果、桔子一直往我手裡塞，叫我多吃點。他老人家教誨我說：「以後作了大法師，不僅要在物質上與人結緣，更要在思想上、精神上與人結緣，不僅要做個有人文情懷的宗教慈善家，更要做個宗教的領袖、心靈的導師、靈性的引者。」這次教誨對我的佛教人生影響巨大，從此，我明確了我的努力方向——我該當個什麼樣的僧人。

九年一晃過去了，但恩師教誨的一言一行，我從未因時間等原因而稍有淡忘。在今恩師別離我們而去九周年之際，謹寫下這幾行文字，以寄託我的無限思念與感恩。

09

寫一個自己的人生故事

人生是由無數的故事構成，就如粒粒珍珠組成珍珠鏈。在這鏈條中，每個環節，或黑或白，全在於自己的元素。

十歲之前，就具有比較可靠想法的，這種人不多，何況如我。爬山、游泳、摘山上果、抓水裡魚、應付學習，就那麼懵懵懂懂地度過了。

十幾歲時，夢想著成為作家、詩人。為這夢想，輕理重文，苦讀寒窗，且一度教書育人，十年又過，養成了個愛好文學、尊重文化、敬佩文人的習慣。當然，僅此而已，而無文學成果。

二十幾歲時，信願成為高僧、祖師，為這一信願，一心投入佛門，修的實踐，理的學習，又是一個十年。身入佛門，心入佛門，但還是身未入佛的世界大門，心未入佛的世界大門，佛的世界大門還是在我前方遠開著，就差那麼最後的幾步，我未能跨入。

三十幾歲時，很具象很具體，決心要成為宗教領袖、心靈導師、靈性引者。為此，晝也運轉夜也運轉，修建寺院，安頓僧人；講經說法，教化信眾；樂施財物，濟渡困苦弱者；著寫拙書，反省提升自己。今想來，這決心沒錯，用心也好，但刻意要當領袖、導師、引者，似太執著，也頗牽強。領袖、導師、引者，是要他人或後人賜封或評價才算、才對，而非自己決心而決心出來的。該有的態度是：只管實實在在地去做佛事，只管自自然然地去做僧人。

四十幾歲時，我渴求著明心見性，了脫生死。因為我親眼看到了許許多多有關病與死的事例。我的一位朋友，四十多歲時，意外地死了；我的一位同

修，四十多歲時，一病差點被奪命了；我的一位領導，四十多歲時，重病而死了；我的一位同學，四十多歲時，一病到如今。親眼看多了病與死，確實會加深我們對人生無常的感悟，從而更多地去思考人生，從而對明心見性、了脫生死的渴求會更加地迫切。確實，人生要解決的問題，這才是根本。其他的，舉之似重，實為輕啊。

近年，我常想起二十幾歲時常對人說的一句話：「我五十歲時退休。」五十歲雖尚未到，但已見到，已在向我招手。這幾年，在自我的感覺中，在年齡上，已非小僧，堪稱老衲。到五十歲時，我不知自己是否真的退休了，是否真的應驗了自己的預言。

是啊，只要一期的人生還沒結束，故事就會延續，我也一樣。我不知道當我五十歲時，我的夢想又會是什麼，是否還是同於四十歲時的，但有一點我知道，我的人生，那路，還有許多要走，要跑，無論是長是短。我也相信，我的人生五十幾歲時，即便再是相同前面的路，或走或跑，或長或短，但也不可能重疊、重複，因為斯時斯地，較之那前，已是不同的因緣，又是一種境界了。

10

靜凝水晶球

法會期間，主法之外，閑得無一事，瀏覽了一疊的古書。每日早起，空氣清新，身心清涼，庭前花影搖亂；千年古石槽中，紅鯉數隻，悠游自在。其韻其致，彷彿月下桃花源谷。

蹅上石階，落步石雕群像之苑，勁松之下，棲坐一隅，身思靜，心思定，絕塵慮，禪境起。時餘，寺之鐘鼓漸聲遠，梵音漸絲縷。

回到丈室，靜凝眼前的水晶球，彷佛有老僧由遠而近，由近而遠……

那老僧，精進過，鬆懈過；沉過，浮過；得過，失過。他悲，他喜；他哀，他樂；他欣，他愁。他說因緣，因果；他說無常，苦空。

他嚮往安心，放下，嚮往自在，解脫。一如雲煙，一飄而過；一如雷電，一閃而過。他很明瞭，無論怎樣，對這個世界，對這個人生，不必計較，無需執著。近半個甲子的靜凝，

讓他知了，只有慈悲常青，只有智慧常綠，只有良善才光輝無盡，只有善美才光明永恆。因此，他學會了寬恕，包容；也學會了懺悔，自省。

空手把鋤頭，步行騎水牛，人從橋上走，橋流水不流。

退眼水晶球，把視線牽回到另一疊古書，書中傅大士的這首偈語令人擊掌默默叫好。

而義玄禪師與鳳林禪師的對偈更令人破顏微笑——

鳳林禪師說：海月澄無影，游魚獨自迷。

義玄禪師答：海月既無影，游魚何得迷？

鳳林禪師說：任張三寸揮天地，一句臨機試道看。

義玄禪師答：路逢劍客須呈劍，不是詩人莫獻詩。

不覺間，晨月隱去了，麗日已升得很高，侍者來敲門了，靜靜的三下，這是在通知我，又一場殊勝法會的主法時刻到了。

11

粉碎你心中的恐懼

恐懼是理智與快樂的殺手。粉碎恐懼，乃至恐怖，這是學禪的重要一環。

我曾蹣跚學步，恐懼於跌倒；我曾學步登高，恐懼於摔下；而今，我大了，恐懼於老病，恐懼於老死；我也恐懼於前路的陷阱，周圍的暗箭。

但恐懼不會因為恐懼而消失。那麼，解除恐懼的密碼是什麼？

首先，我們要解析恐懼的本質是何？無論是場所、社交、宗教、特定等等種類，其實，恐懼是「我執」、「貪著」的代名詞。為何恐懼？因為貪生所以怕死，因為貪財所以怕財破，因為貪名所以怕名裂，因為貪利所以怕利失，因為貪色所以怕色衰，因為貪面子所以怕面子丟。而這些貪，源於我執，執著

於自我、有我。

所以，要去恐懼，首先，要破我執，去貪著。

其次，恐懼源於對世界、人生、社會認知上的錯誤與錯覺。恐懼犯的眼中，世界、人生、社會之千姿百態與氣象萬千應該是精彩的，而且是有常的。而事實上，凡此種種，只是因緣和合，隨時都在無常者。而這無常，在有常者心中，便是恐懼的又一根源。

夫妻想著百年好合，皇帝想著萬壽無疆，江山想著千秋萬代，文章想著萬古流芳，每天想著六時吉祥！剛一牽手，就想著永遠相愛！可是，天不遂人！命不遂運！往往是折的折，散的散，無常才是我們的密侶，如影隨形，永遠相伴。

為此，要去恐懼。其次，就要了知諸法的無常之性。

從理義上講，破我執，破貪著，破有常想，便是要了知宇宙及萬物只是現象，只有空性，沒有永恆。生命、情愛、名利財色，凡此種種，一以貫之，皆是一樣。

我曾於夢幻之中，仰望聖母峰，想那群峰，她是夢幻與諸神的居所，似乎永恆於萬年億載，而常識告知我，她只是地球無常的產物，那裡曾經是一片汪洋。

所謂的天造地設，只是滄海桑田啊！

瞭解了恐懼的本質與根源，接著，我要告訴您，轉化恐懼的四種方法。

之一：我很強調人生的減法，減法的人生。對治恐懼，也是一樣。

當恐懼襲來時，釐清該恐懼的本質與根源後，您的下手處便是減法：也就是倒退法。

比如：當你的愛戀出現問題了，你想想，即便勞燕分飛了，無非也就回到你們未曾相識時，那時，你難道不是活得無牽無掛嗎？當你的事業出現問題了，也好好想想，無非就是回到你剛創業時，那時，難道你沒有活路嗎？當你的名譽出現問題時，你也省思一下，無非回到當初你還是無名小卒時，那時，你難道不是無名一身輕嗎？當你身心出現問題時，你也思考一下，你無非就是身心有點問題呀，而非老病死。即便老病死了，也無非就回到你還沒有出生時。何況，誰能沒有老死時？誰能沒有未生時？

之二：我很強調當下法，即不思過去，不思未來，專注當下，斷絕比較。當你困頓於恐懼的場景時，專注你的當下吧。你的當下，那時那刻、那地那處、那情那景，你感受一下，是否還是可以忍受的呀。許多時候，恐懼源於過去與未來，恐懼於過去的喜樂不能延續或悲痛蔓延，以及未來的不確定性。

如果，你的當下是還可以忍受的，那麼，有何理由恐懼？你落下一峽谷了，很幸運，你抓住了峽谷的一根藤，你得救了嗎？從未來看，不確定，但從當下看，你得救了，這時，你就不該恐懼，你要從容，專注於當下，從容解救自己。在那當下，緊張而手腳忙亂與從容不迫地鎮定自救相比，你認為得救的機會，哪個給予的大而多呢？

之三：要轉化恐懼，就要與恐懼同在，與恐懼一體，不排拒，不對抗。

與恐懼同在、一體，就零距離地了知恐懼，與恐懼同盟，與恐懼為友，從而習以為常，知彼知己，培養出泰然面對恐懼的勇氣與果敢，甚至智慧。恐懼無非就是一種感覺感受，當這感覺感受促生了果敢與勇氣時，便有了強人的精神力量與物質能量！這強大精神和能量與恐懼於統一體中，以前二者的強大，自然必然要占上風，從而，使身心靈既同化融化恐懼，

福緣
釋本性書

又超越解脫恐懼。此亦即煩惱生菩提，煩惱即菩提啊！

之四：作為信仰者，當我們感知恐懼來襲時，我們當然還要去祈求與依靠被信仰者。

恐懼之時，我們要想到：佛與我們同在，菩薩與我們同在；堅信「善有善報，惡有惡報」、「好人一生平安」、「不做虧心事，不怕鬼敲門」；默念佛、菩薩名號，是時，定當百毒不侵、百害不臨。這時，求得佛、菩薩的加持力量，甚至把自己交給佛、菩薩，便很重要，也很靈驗與有效。

人類許多時候，其實是自己恐懼自己，自己被自己嚇壞嚇死。

癌症患者未被診斷出時，活得好好的，一經診斷出，就嚇得堅持不住了。有個故事說，有個重刑犯被判死罪，死法卻很特別，全身捆綁，蒙上雙眼，打破他的頭，告訴他，他的血正一滴一滴往下滴，一旦滴完，便是自然的死期。其實，判官並不想讓這重犯死，所以，頭被打得並不厲害，嘀嗒嘀嗒，一滴一滴流下的，其實也非血，而是源自他身後的一盤水。但因重犯眼睛被蒙無法看見，聽著滴水聲，以為自己的血正一直在滴，必死無疑，結果，他未因流血而亡，卻因恐懼而死。

12

佛陀的啟示

佛教是因緣法，首先，是為了利樂此生，莊嚴此土，講究隨機施教。現今人心染濁，世道危邪，為此，我們辦教之宗旨是：以佛心導正人心，回歸信仰；以佛道輔正世道，重建道德。

肉身菩薩慈航大師曾提出「人間佛教」概念，認為「文化、教育、慈善」為其主要內容。在此，我們將「修證」從中單列，以示強調，以期重振宗風道風。因此，我們辦教的方向是：教育，文化，修證，慈善。

基於南北傳佛教的歷史淵源，東西方文明的交流趨勢，我們辦教的道路是：人間佛教，南北融合，東西對話。

考慮到全球化的現實因緣，我們辦教的區域是：國內與國外。

道場與法門是因眾生而設，我們辦教的道場分類為：都市的、森林的、海洋的。其對應

的法門，有布教弘法的，有禪淨雙修的。中華佛教特質在禪，為此，我們的總法門是：中華禪。

禪源正祖脈，代有妙傳承。二千五百年前，在印度，佛陀拈花，迦葉微笑。其後，於漢地，達摩面壁，慧可心安，慧能壇經傳，百丈清規立。中華禪包含中國禪，又是中國禪的傳承與發展。以漢傳禪法為主體，以南傳禪觀為基礎，以藏傳禪密為輔助，是融合三大語系佛教的禪法體系。其精神內核：慈悲、智慧、忍讓、寬容、懺悔、自省、中道、圓融、和合、共生、非暴力。中華禪，由斯而成。

而今，中華大地上轉輪王者出，釋迦道者弘。中華禪相應這個中華文明的時代，以使貪嗔痴息滅，身心靈自在，進而東方和諧，世界和平。這是三界道師、四生慈父、聖者佛陀的始終啟示，也是作為一位悲天憫人知行合一的僧人應具有的畢生志願。

13

學佛十八要點

愛好者與信眾經常問我佛法大意，並感嘆佛法深廣，不知從何入手學起。針對於此，以個人學佛的粗淺體會，特列學佛關鍵詞如下：

一、了知因緣
二、深信因果
三、了悟苦、集、滅、道
四、觀察身不淨、觀察受是苦、觀察心無常、觀察法無我
五、皈依佛、法、僧
六、嚴持不殺生、不偷盜、不邪淫、不妄語、不飲酒
七、實行布施、持戒、忍辱、精進、禪定、般若
八、履踐正見、正思維、正語、正業、正命、正精進、正念、正定

九、不懈聞、思、修

十、勤修戒、定、慧

十一、息滅貪、嗔、痴

十二、堅持信、解、行、證

十三、圓滿悲、智、願、行

十四、把握中道

十五、不忘依法不依人、依智不依識、依義不依語、依了義不依不了義

十六、牢記諸行無常、諸法無我、涅槃寂靜、有漏皆苦

十七、常行懺悔

十八、堅信涅槃

14

藥師信仰是人間佛教的推進器

太虛大師說：仰止唯佛陀，完成在人格；人成即佛成，是名真現實。

慧能大師說：佛法在世間，不離世間覺；離世覓菩提，恰如求兔角。

可見，人成即完成了佛成的基礎；淨化的人之國的到來，即意謂著淨化的佛之國的到來。

藥師信仰即南無消災延壽藥師佛信仰，立足於現世，願景於來世。重視此岸，嚮往彼岸。認為只有幸福的今天，才有美好的明天。明天是今

天的水到渠成，必然結果。放棄了當下，把握不了當下，也就喪失了未來。

釋迦牟尼佛說：「人生難得，佛法難聞。」藥師佛對此作出了積極響應。因為人生難得，所以藥師佛誓願讓人生消災延壽，爭取幸福美滿的極致。他啟示我們，多生存一天，就多了一天的希望，在這一天裡，我們可以做許多的好事，積許多善功善德。也因此，於後生多了一分把握，少了一分風險。因為佛法難聞，所以需要消災延壽，消災延壽為我們的聞法創造了更多的機會。因為聞法，我們生命的巷子盡頭才有開闊地，才有月之光輝、日之照耀。

佛教說，要應機逗教。之所以要應機，是因為有機之不同。我常在想，實踐人間佛教，藥師信仰是挺對機的。他不僅肯定了現實、人間、人的價值，還給予了消災延壽的方法；他不僅肯定了有情眾生當下幸福美滿的重要性，也給予了眾生未來邁向極樂淨土的光明之路。這光明之路就是藥師法門，這極樂淨土就是東方淨琉璃極樂世界。人間與佛國，此岸與彼岸，現在與未來，在藥師法門中，可以一舉兩得，得到了完美的統一。

佛陀之開悟的重要理論之一就是四聖諦：苦、集、滅、道，即人生是苦，苦有原因，原因可滅，滅有方法。消災延壽藥師法門就為了驗證這四聖諦而來，為了滅苦而來，可見是非常契合佛陀本懷的大法門。這也是藥師法門在巴利語系、漢語系、藏語系佛教中都普遍得到信仰與推崇的原因。而且這種信仰還盛傳到日本、韓國等。

非常感恩的是，末學有幸住持頗有知名度的藥師道場——福州開元寺。該寺已近一千五百年歷史，自唐代以來，即為藥師佛道場，配套構建了藥師佛殿等，同時弘揚唐密。因為唐密而弘藥師法門，還是因為藥師法門而弘唐密，史料不足，已不得而知。但可以確信的是，當時印度高僧般若怛羅在開元寺常住時，乃密教與藥師法門並弘。也許這就是開元寺後來一直秉承藥師法門傳統，並成為東密——日本真言宗創始人空海大師與臺密——日本天臺宗中興祖師圓珍大師入華學習之地的原因之一吧。及至明代，雪溪和尚懸壺濟世，且創《開元藥師靈籤》，及至近代，寶松和尚大力弘揚藥師法門，同時募建堪稱當時國內最大規模的佛教醫院，救濟缺醫少藥的貧苦大眾。後來，為祈禱和平，抗議戰爭，他自焚己身，驚天動地，以警世人，人們信為藥師佛之再來。一九八〇年代，本寺住持提潤法師繼承寶松和尚遺風，弘揚藥師法門，創辦福建省佛教中草藥門診部，以佛教中草藥祕方救死扶傷，致力於籌備創辦福建省佛教醫院。其遺願：希望開元寺光大藥師法門，弘揚佛教醫藥傳統。

雖生老病死，成住壞空，但苦集滅道，信解行證。自太虛大師到趙樸初居士與星雲大師，從人生佛教到人間佛教。佛教保持宗教神聖性的同時不忘關注人間社會。這正是藥師法門的

核心特色，他將使有情眾生不但未來得救——順利無誤地進入我們東方人最適合去的東方極樂世界，來去自由於西方極樂世界。而且，於現實中得救——災消壽延，獲得人生的幸福健康美滿。

15

生日要做，生月也要做

出生，對嬰兒來說，意謂著生命、新生。生日也因此值得歡慶、歌頌。但對母親而言，出生也就意謂著危險、死亡，尤其在醫術落後的非現代。

在佛教，生日，我們叫作母難日。做生日的用意：不是歡慶生命的新生，而是紀念母難日，感恩母親明知危險卻義無反顧地孕生兒女的深恩。

《父母恩重難報經》中，有關於母親對兒女的十恩說：懷胎守護恩、臨產受苦恩、生子忘憂恩、咽苦吐甘恩、回乾就濕

恩、哺乳養育恩、洗濯不淨恩、遠行憶念恩、深加體恤恩、究竟憐憫恩。母親之恩，說不盡啊。

《父母恩重難報經》中還敘述了母親之恩的報答不盡。該經說：假使有人，左肩擔父，右肩擔母，研皮至骨，穿骨至髓，繞須彌山，經百千劫，血流沒踝，猶不能報父母深恩；假使有人，遭饑饉劫，為於爹娘，盡其己身，臠割碎壞，猶如微塵，經百千劫，猶不能報父母深恩；假使有人，為於爹娘，手執利刀，剜其眼睛，獻於如來，經百千劫，猶不能報父母深恩；假使有人，為於爹娘，亦以利刀，割其心肝，血流遍地，不辭痛苦，經百千劫，猶不能報父母深恩；假使有人，為於爹娘，百千刀戟，一時刺身，於自身中，左右出入，經百千劫，猶不能報父母深恩；假使有人，為於爹娘，打骨出髓，經百千劫，猶不能報父母深恩；假使有人，為於爹娘，吞熱鐵丸，經百千劫，遍身焦爛，猶不能報父母深恩。

感恩母親，體現在儒家便是孝道，這也是中華民族優秀的傳統美德。

為弘揚孝道，在福州開元寺每月的初七，我們為當天生日的信徒舉辦生日。唱「祝您生日快樂」，誦「南無無量壽佛」。切生日蛋糕。許四弘四願：眾生無邊誓願度，煩惱無盡誓願斷，法門無量誓願學，佛道無上誓願成。念《藥師經》持《藥師咒》等。為在世的母親祈福，祈其福如東海，壽比南山，或祈願已逝的母親上品上生。同時，倡導素食於生日，戒殺生，避免損及福壽。該理念與活動，頗得信眾的熱烈歡迎與強烈共鳴。

看《父母恩重難報經》，母親生兒女，是受難。母親孕與養兒女，是受苦，尤在生兒育女的那一個月。在我們民間，母親生兒女後，必須安養一個月，以恢復元氣與健康，俗稱「坐月子」。為感恩母親生兒育女所受的苦，我們也於每月初七為當月出生的信徒，舉辦生月活動。每當其時，信徒雲集，參與者眾。可見該理念與活動，也是頗為深入人心的。

生月與生日，母親的苦與難。如你是女性，你來自母親，哪一天，也許你也會成為母親或已成為母親。如你是男性，你也來自母親。因此，正如一個佛教典故說的：母親是我們無需捨近求遠而應該永遠供養的堂上活佛啊！

貳輯

行深致穩

16

僧團的主業是什麼

二〇〇六年下半年，本人作為首期宗教界人士研修班學員，於中國人民大學研修四個月。宿立新苑，食西區食堂。上課於明德樓，主要課程有宗教學、世界宗教史、哲學導論、管理學、倫理學、古漢語、中國近代史、宗教與當代社會、法律基礎知識以及朱維群、葉小文、方立天等專家的專題講座。其間與大學師生有些接觸，尤與哲學院師生交流為多。

事後，我一直在想一個問題，那就是我

們佛教僧團的主業是什麼。

考察釋迦牟尼佛的一生，主要的工作是講經，樹立倫理道德的典範，制定並實踐戒律，管理好僧團，協調好僧團與政權、僧團與社會包括信眾的關係，培養僧團的後續力量。佛陀講經，就信眾或社會人士的諮詢疑問，應機而講，有的放矢。經書大多數是佛陀與請教者的問答錄。佛陀十大弟子的主要工作，也不離此。

從佛陀及其弟子的主要言行上，我們會得出啟示：作為佛教僧伽，主要的工作不是直接創造物質財富，那是經濟學家與商人的事；我們的任務應是繼承佛陀當年所做的事業，弘揚佛陀確立的精神。

據此，作為僧人，我們的主業是弘法，是持戒，是傳播佛教教義與實踐佛教教義，做教義的實踐者、榜樣者。信徒因此有專業的授業師，少走了彎路。作為僧人，放棄可能擁有妻或夫、兒女的權利，著灰衣、素食、清心寡欲，必另有所求或另有所嚮往，那就是在宗教上要有所得。為此，作為僧人，一定要按照佛陀教誨的路子，前去走一走，哪怕探一探，看效果如何。信仰如果沒有從信仰中得到宗教上的體驗，那是缺憾的。佛教有念佛，有坐禪，有持咒，有誦經，有觀想等，法門萬千，不去實踐，便是不事主業，徒過光陰。

人生是短暫的，錢、權、情、名等等都會是過眼雲煙，只有宗教上的業力隨身。我們總不能僅過一世一生就永遠消散消失，沒有了光明的未來。為此，除了你喜好的名、利、權、情等之外，你還須儲備良知道德善美的業種，著力保有你宗教上的生命，她的真實足以使她永續長青，這樣，我們就需要在宗教行為上有所作為。

在我的人生設定中，我的主業在弘揚與實踐核心教義、持守戒規。信徒來寺不能只看到佛的像而沒有看到佛的心，佛的教義就是佛心。拯救蒼生主要靠的不是佛像，而是佛的教誨精義。因此，我希望充實自己，一生以傳播與實踐教義為重任，做佛教文化的播種者、催生者、收穫者。

翻看高僧傳記，我們發現，能成高僧，那是因為人度得多，法弘得廣，對前人理論有所發揮。或者修持得嚴謹，有所證悟，因此德高望重。從此可知，高僧高在宗教上的成就，高在精神，而非高在直接創造了物質財富，這也是佛教根本的核心所在。

不少僧人對佛教的信仰，本末倒置，身分定位不清，把自己變成了社會活動家、企業家、外交家、慈善家，惟獨不是宗教家。穿佛衣不說佛語，不想佛恩，不為佛行，不做佛事，不證佛果，甚至不信三世，不信因果，不信佛之說教，那與俗人有何異之？俗人依據什麼對僧人進行崇拜？我們又以什麼對俗人進行說教？

人說「物以稀為貴」，佛教僧伽貴在掌握佛教精神並有實踐經驗，以其稀才貴，才堪為俗家弟子之師。為此，我們僧團當專職於佛教教務，以弘法持戒為家務，以帶領信眾實踐教義為首要。古代高僧莫不如此。這也是他們契佛行儀的所在，也是他們傳世的原因所在。

我之從佛，重在信、解、行、證。不信，哪來恆心願力？無解，就會盲從；不行，沒有實踐，何來結果？何來實證？沒有這些，不是以己昏昏教人昭昭了嗎？為此，我們不應為建寺而建寺，而應把宗教場所變成信、解、行、證的基地，總結出契合時代的信、解、行、證的方法，從宗教上服務於信眾與民眾。不應使寺院越來越往純粹的旅遊場所或文物保護單位方向轉化。否則，信仰成了職業，僧人成了雇工，僧團的主業偏離，不僅世俗化而且庸俗化了，佛教的核心精神也因此得不到彰顯，從而失去了僧團存在的根本意義。

17

名僧、高僧、聖僧

佛教講究信、解、行、證。證有品分：下品、中品、上品。

那麼僧呢？從證上看，我認為，可分名僧、高僧、聖僧。

所謂名僧者，偏重於以入世精神做入世事業。

所謂高僧者，既以入世精神做入世事業，也以出世精神做出世事業。

所謂聖僧者，偏重於以出世精神做出世事業。

名僧，其所創的顯示的更多地體現在其社會性的一面。

高僧，其所創的顯示的既體現了其社會性的一面，又有其宗教性的一面。

聖僧，其所創的顯示的更多地體現了其宗教性的一面。

佛教是宗教，強調其宗教性，即重視實證。沒有實證，便沒有佛教。

名僧以入世顯名，高僧以入世兼出世體現其高，聖僧則以其時刻秉持出世之心而證其聖。

從證的品分與之相對應，則名僧對下品、高僧對中品、聖僧對上品。聖僧者，如唐之慧能大師、近代之慈航大師，以其文化貧乏之身，卻證成肉身菩薩，著作等身，見解上乘，桃李芬芬，令後人因此生信、生解、生行、生證。

末學才疏學淺德薄，不過，稟承出家初心，倒是自認為道心未滅，今蒙慈航菩薩感應道交，聖像得以從寶島臺灣順利回歸福建祖庭，使末學有幸與之為鄰，願以之為模範，以實證為旨趣，努力精進，永無止息。

18

人的最初意識從哪裡來

三世輪回，這不是是否存在的觀念問題，而是如何存在的事實問題。

時空是本具的，物質是緣起的，生命的五蘊也是緣起的。但我認為，生命中純正的精神是本具的，猶如時空，是佛性的外在表現形式之一，是佛性海中的浪花。海水本不髒，髒物下去了，海水便髒了，浪花也變色變味了，但水本身還是水，它的成分、本質沒有變化。變色變味的浪花便是我們不純正的精神。佛性本體上的精神是純正的、健康的。

在海外學習期間，回國以後也不例外，我曾請教一些相關方面的專家：嬰兒是父母結晶的產物，起初，父母的結晶物中並不存在意識的部分，那麼，懷孕中的嬰兒從哪一刻起有了意識？父母結晶物，毫無疑問，是物質，而物質是在什麼條件下可以轉化為或有了精神的？或者說，物質性的東西為什麼又變成物質性與精神性的混合體了？幾乎沒有一個專家可以回答這問題，或回答

得很勉強。

是啊，十月懷胎，對孕婦來說，時間很長。但對時間長河來說，只是一瞬。一瞬間，一個有意識、能思維、具精神的高等生物便產生了。想想，哪有那麼簡單？再想想，就沒有父母結晶物之外的意識性的東西中途加盟進來？

我相信一點：精神可以作用、影響物質，但物質自身不可能轉化、替代、甚至產生意識、精神。有人會說，電腦是物質的，但也會思維。這不對，因為，電腦的思維是人類思維的反應，是人類為之設定的，其本質是機械活動。物質的運動是機械活動，意識的運動才是精神活動。物質是無常的，是要毀滅的；精神才會永恆。物質體不可能是輪回的主體；只有精神物才可能成為輪回本身。

有人會說，父母的結晶物就如電腦的原理，時間的旅程早已為之設定好了思維的程序、精神的密碼。這說法，把人的意識之產生歸之於無始以來宇宙物質或人的自然進化。但我想，再先進的生命演化，也不可能使物質性的東西能夠如人一般進行那麼細微、豐富、自覺、奇妙的意識活動。如果真能如此，不管是有機物或無機物，實際上已進入意識、精神層面，已足以作為輪回的主體，或乃輪回本身。據此推論，物質便可轉化、替代，甚至產生精神，最後成為精神。但這可能嗎？如果絕無可能，那麼，我們人、嬰兒，那不可思議的最初的意識是從何而來？難道是憑空產生？唯一的解釋便是從父母之外而來的。即物質體之外還有個意識之物相對獨立地存在，他就是我們意識的主體，也是我們輪回的主體。

隔行如隔山，對生命的真正起源、本質、科學的解釋，本人並無太多的知解，在此，我也願就此問題，請教於諸位方家。

19

不要從人間化墮到娛樂化

近來，我花了一個星期的夜晚時間，專門收集各類佛教網上的佛教活動消息，發現一個現象。近年，有些佛教活動場所的活動，其本質有從人間化滑向娛樂化之嫌。這其間，經歷了世俗化與庸俗化。

民國以來，以太虛法師為首的高僧大德提倡「人生佛教」，適應了社會需要，也使佛教持續保持了生命力。二十世紀八〇年代，趙樸初等一批佛教界有識之士繼承傳統，推陳出新，提倡「人間佛教」，使「文革」期間大傷元氣的佛教得到恢復，並健康發展，迎來了今天的黃金時代。

或許，是對人間佛教的理解出現偏差。或者，根本就沒有去理解人間佛教是什麼。近年，一些佛教活動場所，雖舉的是人間佛教的旗幟，但實際上與人間佛教的核心理念相背離，甚至違反了明文規定的佛教的律條精神。

本性法師與趙樸初老先生

人間佛教，或者說，佛教的人間化，其本質含義在於以佛教度化人間，以佛教精神主動積極地教化人間，而非以人間度化佛教。如果讓佛教被動消極地屈從人間，為人間的缺陷所左右，從而失去佛教的核心價值，那麼，佛教與其他的哲學有何差異？這樣，佛教便缺失主體性，亦不為佛教了。

為此，我向來以為，佛教的人間化不應是佛教的世俗化，也不應是庸俗化，更不應是佛教的娛樂化。

佛教的娛樂化，把僧人變成了人間的小丑，也使佛陀形象受損及其教法被扭曲，不再純正神聖。而宗教一旦失去純正性與神聖性，那麼，還剩什麼？

在儒家哲學中，強調「內聖外王」，內在的修養如聖人，外在的能力如君王。儒家如此，我認為，佛教也不應例外。不管外在如何王，內在總應不離聖，即應該始終保持佛教的核心價值不變。這是保證佛教持續健康延續的基本條件，也是佛教始終能與特定的社會主義社會相適應的必要基礎。

20

法顯的委屈

漢傳佛教史上，對外交往的名人聲譽最隆者，應是玄奘、鑒真、法顯等。

他們三人的精神、功勛與業績，不相伯仲，但後人對他們的厚此薄彼卻大不相同。

玄奘因為他的譯經與所創宗派的流傳，加之《西遊記》唐僧形象的深入人心，現在是人盡皆知。

鑒真因其聖像於改革開放後從日本回歸中國，對中日邦交起過促進作用，加之，其道場在中日都尚存並具規模，因此，其在外交、文化、宗教交流上的價值，為官方與民間所重。

惟有法顯，身後是冷冷清清，少人問津。

其實，在不少方面，法顯的獨到之處甚於玄奘與鑒真。

法顯（約六六七～四二二年）

俗姓龔，今山西襄丘人。以六十五歲的高齡西行求法，前後經十五年，遊歷三十餘國。往返途中，歷盡艱險，九死一生。七十歲後還苦學梵文、梵語。在印度和斯里蘭卡，搜集與抄寫了數百萬字的佛教經典並進行翻譯。著《佛國記》，記錄遊歷。

發揚前人精神，實際上是後人對自己負責。為此，我們同時也應大力介紹宣傳法顯，包括他的經歷、業績，尤其是他的精神。這對繼承優良傳統，發揚佛教文化，是有助益的。

21

堅守的生命與力量

大夢書屋西湖店舉辦《心月孤圓》新書分享會，主講人誠邀吾為嘉賓。盛情難卻，欣然前往。有熱心讀者誠懇提問，問吾長期堅守「安貧守道、安苦守道」的動力源泉為何？

吾一九八五年出家剃度，為僧歲月，屈指算來，也已三十多載。三十多年來，雖不敢自謂「安貧守道、安苦守道」，但自感道心「堅」字堪謂，道心「守」字堪謂。只可憾，因為根機淺薄，三十多年來的堅守，三十多載的奮力，還是道業難進，還是道業無成，甚感慚愧，當作自省，應

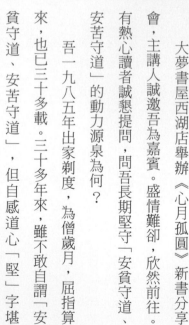

予懺悔。

自出家剃度以來，關於學佛，吾體悟到，有千萬種理論，有千萬種實踐，但關鍵的法門是「堅守」。

何為堅守？之於吾，為了做回自己。

一、吾乃輪回者

於此人世間，僧家四眾，有過來人或者叫再來人，他們早已成就道業，證得道果，只因某種責任與使命，乘願再來，弘法利生，也就是，他們來到這人世間，就已是聖者，甚至解脫者。就如：釋迦如來、寶松和尚、慈航禪

師。還有，如班禪活佛。僧家四眾中，還有一種如吾，是輪回者，前世積了些福、修了些德、消了些業、發了些願，回報了個人生，因緣俱會，成了個僧人，既為還債，也為還願。也就是，與生俱來，吾是個僧家，為此，做個僧人，做個好僧人，堅守僧相，堅守僧格，是為必須，更是宿命。也為此，知足常樂，欣然為之。

二、吾乃流浪者

前緣鑄今生，宿命為僧範？因為輪回，所以流浪。不像再來人，責任與使命明確。吾只是個流浪者，在今生，在今世，我的責任與使命，隨著前因、隨著今緣，隨緣而成，既無既定的目標，亦無既定的方向。因為，吾只是個生命的流浪者，流浪幾時？流浪何處？流浪二字說了才算。雖然如此，但吾知道，吾非世俗流浪者，吾乃佛教流浪者，吾之戒定慧三學注定了吾應自覺地堅守做人為僧的良知、赤誠、原則、榮譽，堅守佛教的理想信念，堅守佛教的理想之國。直至哪天，吾不再流浪。

三、吾乃尋找者

因為流浪，所以尋找。吾是一個探索者，希望是個尋路者。佛陀早已給予我們甚多大道，但非獨予吾。吾之根機淺薄，大道雖寬廣光明，但吾卻視之朦朧，此非大道之錯，而乃吾之過。天上海上，海闊天空，但蝸牛無法上天也無法入海，這蝸牛如吾。所以，吾在尋找，尋找佛陀千萬大道中的某條小徑，合適如吾，為吾而設。這種尋找是個漫長的過程，艱難的過程，雖然心懷謙卑，但卻為之驕傲，尋找中信守，堅守中尋找。

四、吾乃朝聖者

尋找者其實就是朝聖者。不同的是，尋找者會質疑遠方，不確定遠方，而朝聖者卻不同。一路來，吾從不懷疑三寶的不可思議及其力量與光芒，吾始終相信，遠方便是詩，便是星星，便是香格里拉，便是桃花源，是夢想中的淨土世界。那裡沒有陰謀、沒有欺詐，沒有煩惱、也沒有悲傷。那裡是一片觀音菩薩座前童男童女的世界。因為遠方，因為希望，儘管朝聖之路好陡、好長，但吾總是不覺苦，不覺累，無論白天，無論夜晚，無需推著走，無需催著走，無需休息，無需加油，只因朝聖原生於心，已是生命的全部。堅守就是力量，就是生命的延續，朝聖的停止就是呼吸的止停。

五、吾乃擺渡者

朝聖者朝聖自己，擺渡者擺渡自己。同時，朝聖為了擺渡。朝聖自渡，擺渡渡人。人世不只自己，世界還有他人。菩薩做什麼？自利利他，自渡渡他。禪門常言：不為自己求安樂，但願眾生得離苦。大慈天下樂，大悲天下苦。先天下之憂而憂，後天下之樂而樂。因此，濟世救世應是朝聖者的責任與使命之一，更是擺渡者的責任與使命。經常，齋後時光，吾踏足閩江此岸，遙望彼岸，想橋上車水馬龍，吾就希望自己是這麼一座橋，渡脫煩惱，渡脫缺憾，渡脫黑暗，渡脫生死。從此，令彼岸的光芒照徹此岸，無有晝夜。擺渡者是快樂的，當他的

槳橫掃波浪，把可能墮向死亡的生命託向新生。一個、兩個、三個，堅守、堅守、再堅守，直至無窮。

六、吾乃傳承者

生命需要傳承，力量需要傳承。在吾人生字典裡，「傳承」二字畫個紅槓，很重要，不能忽略，更不能忘記。佛教已有兩千多年的傳承，信仰、光明、解脫、希望。於吾心中，佛陀是那樣的神聖與崇高。作為教徒，可以為教奉獻，作為公民，可以為國犧牲。吾曾登臨斯里蘭卡的靈鷲山，當時站在山頂，吾突發奇想，如果縱身一躍，是萬劫不復，還是解脫飛升？如果縱身一躍，可以贏來世界的幸福，眾生的解脫，或者，可以廣渡四眾，佛教恆祥，那麼，一躍縱身，何止於吾？既然，地球的美好，你我構建，沒有捷徑一途。那麼，只有傳承，傳承初心，傳承大善，傳承真理，傳承堅守。讓純真日月經天，讓純淨江河行地。讓輪回者止息輪回；讓流浪者回到家鄉；讓尋找者探得小徑；讓朝聖者看見心光；讓擺渡者觸及彼岸；讓傳承者傳承綿長。

做回自己，堅守生命與力量。

22

信仰的基石與力量

世上有多少種人，便有多少種信仰。

那麼，什麼是信仰的基石與力量？

信仰原因，筆者時常與信仰者打交道。

儘管，所信仰的對象或內容各不相同。

曾往南亞、東亞、西歐、東歐，或南美、北美，等等區域，其所信仰的印度教、基督教、天主教、猶太教、東正教、佛教等，令筆者留下深刻印象。

探尋各教教義，我們會發現，信仰的基石，在於對內、對自己的自省、懺悔、

救贖、重生，在於對外、對他者的啟迪、拯救、濟渡、超脫，也就是佛教說的自利利他、自覺覺他。離開了對自他的救助與超越，信仰的存在便無意義，宗教信仰更是如此。之於佛教信仰，無緣大慈、同體大悲，而作為佛教信仰者，欲為法門龍象，先作眾生牛馬，則是為了大事因緣而出世，有著神聖的時代使命與責任，如莊嚴國土、利樂有情；不為自己求安樂，但為眾生得離苦；明心見性，見性成佛；一心不亂，往生佛土。就如儒家一樣：先天下之憂而憂，後天下之樂而樂；修身、齊家、治國、平天下；天下為公，世界大同。

建立在基石上的信仰，其力量是強大的。這強大源於基石的堅固。為何說是堅固的？因為這種自利也就是自度，自我救度，是基於一種向上的力量，因此是崇高的、清淨的，而利他也就是度他，救度他人，更是基於一種向上的力量，因此是偉大的、神聖的。自度與度他的這兩股力量，催生信仰者提升，擺脫沉淪。

那麼，信仰的力量到底有多大？

凡夫的肉眼看不到天地的運行，如太陽的自轉與公轉，地球的自轉與公轉，以及月亮、星星等的運動。但這運行力量之大是我們無法想像的。我們可以想像的，只是一些，如火山、地震、海嘯、山洪。但是，這些運行之力無論多大，都是外在的、外生的，是物質的力量。

而信仰的力量則是內在的、內生的、精神的。外生的力量只能摧毀外在的世界，而內生的力量則勇於摧毀內在的自己。如果某股力量勇於摧毀自己，挑戰自我，那是令人震撼的，令人震驚的，因為挑戰自己，所以鍛造自己，戰勝自己，因為摧毀自己，所以建立自己，樹起自己。

信仰者們都是如何建立自己？樹起自己的？舉幾例子：

古印度時代，某支軍隊突入著名佛教法窟那爛陀寺，這時，數萬僧侶面臨著信仰與生死的抉擇，選擇繼續信仰佛教者，死；選擇放棄佛教信仰者，生。當時，該軍隊扼守那爛陀寺大門口，命令所有僧侶從大門口魚貫而出，逼迫他們脫下僧裝，發誓脫離佛教！按命令做的，允許逃生，不按命令做的，當場殺死。真是順者生，逆者死啊！可是，信仰是沒有條件的，信仰是不能買賣的，信仰豈能討價還價？信仰豈能三天打魚兩天曬網？也就是，信仰豈容背叛？初心豈能遺忘？那爛陀寺因此被摧毀了，那爛陀僧團一個也沒有存活下來。那些佛門前輩寧願犧牲自己生命，也要堅守信仰。那爛陀寺的精神可說驚天地、泣鬼神，也因此代代相傳。

在一九六〇年代，某國主要執政者大力扶持某教，以公權力打壓佛教，迫害僧侶，引起公憤，尤其引起佛教界的激烈抗議，但該政權並沒有因此改過或收斂，反而變本加厲，導致佛教界僧侶與信眾走上街頭表達訴求，因受鎮壓，最終釀成一代高僧廣德和尚於胡志明市街頭，大庭廣眾之下，自焚獻生，以死抗爭。

在福州開元寺有個寶松和尚，中興開元、法傳南洋。一九六〇年代，美國與蘇聯大搞核武競爭，寶松和尚認為，世界如此下去，難免毀滅。於是，他發起舉辦七天的世界和平祈禱法會，於最後一天捨身自焚，以警美蘇，提醒世人，以生命的代價呼籲、維護世界和平。

我很喜歡佛教《禪門日誦》中的一段話，每次吟誦都有感觸，觸碰心底，現引在這裡，作為本篇小文的結尾：

願我速知一切法、願我早得智慧眼、願我速度一切眾、願我早得善方便、願我速乘般若船、願我早得越苦海、願我速得戒定道、願我早登涅槃山、願我速會無為捨、願我早同法性身。

我若向刀山，刀山自摧折。我若向火湯，火湯自枯竭。我若向地獄，地獄自消滅。我若向餓鬼，餓鬼自飽滿。我若向修羅，噁心自調伏。我若向畜生，自得大智慧！

23

讀吾書者，先讀吾心

人生苦短，師情幽長。

國人常言：師恩如海，師道尊嚴；師恩難忘，尊師重道。吾信此語，吾當如斯。

為何師情悠長？這讓吾想起古人之教示：「一日為師，終生為父」，「師者，所以傳道授業解惑也」，「格物致知，明德至善，嚴於律己，行為師範」。

孔子是師的代表，被冠「萬世師表」。為此，乃至司馬遷，也評價之「高山仰止，景行行止」，對之「雖不能至，然心嚮往之」。

吾於可倫坡修學時，有位阿桑迦老師，那還是結緣於一八九〇年代。當時，我不是一位優秀突出的學生，但事隔二十六年之後，竟然，他還記得我。兩年前，我有兩本小冊子拙著於斯里蘭卡可倫坡出版發行英文版，他應邀出席首發式，於致辭中，對拙著給予了許多的贊嘆與鼓勵，並以「有這樣的學生感到自豪和高興」。尤其讓我感恩的是，在排主席臺座位時，我們將其座位排在我的前面，但他一直推辭，一定要放在我之後，他說：「看我著作的自序中，有文《半座人生》，佛陀就曾讓座予弟子迦葉」，他說：他雖不敢自比佛陀，但佛陀讓座迦葉的精神，他應學習效仿。阿桑迦教授讓座學生的佳話，也讓首發式的其他參與者感動。活動結束後，他還談到我於凱拉尼亞大學研究生院深造時，給他留下的印象：隨和、謙卑，總是樂於坐在教室靠後的位置，甚至最後排；下課時，常是等到老師離開教室了，我才離開。

當年，吾與阿桑迦老師等在母校有些合影。近期，從諸多當年舊照中，將之整理出來。其中有張照片中，有我們院長卡努拉達沙教授，有我的指導老師法光博士，有老師阿桑迦教授等，還有中國、韓國、緬甸等的同學。照片中的中國同學，如通智法師、悟智法師、能忍法師等。現在，通智住持美國紐約東禪寺，悟智住持浙江溫州頭陀寺，能忍住持江蘇南通普

賢寺也。兩年前所見的阿桑迦老師，看起來，似乎還與當年的他一樣，不曾見老，還是那樣充滿活力與幽默，以及智慧。倒是，作為學生的我，而今，老之已至，老氣橫秋了。

人生苦短，書香幽長。

我這一生，信仰之外，打交道最多的就是書本，最堅強的內心依靠也是信仰與書本。全日制學校，吾就待了二十年。小學與中學十年，南京棲霞山佛學院二年，北京中國佛學院四年，可倫坡巴利語國際佛教大學與可倫坡凱拉尼亞大學研究生院等四年。直至，三十而立了，還在讀書。

因為這種經歷，一直以來，以書為友，

以書為師。當然，也以讀書為樂，以寫書為悅。我知道，書不能讓我們解脫，要明心見性，還得於心上下功夫，而非在書上做文章。但我也知道，文明的傳承，歷史的記憶，還是得靠書來承載。在這，書是一種奇妙的方便法門呀。因此，我既與之結了深緣，就沒有理由不與之終生為伴，並由衷珍惜。

讀書是快樂的，但也是痛苦的。寫書是愉快的，但也是辛酸的。如人飲水，冷暖自知，禪門如是說。我深為認同，此乃至理。既然寫了書，就不忍心不出書。出書，只是為了給愛書的自己一個交待。同時，給迷書的自己一個鼓勵。至於，是否有益於弱勢的生命，如小孩、老人、婦女、殘疾者、貧窮者、困境者，等等，這個，我說了不算，我想，我有這樣一份心就好了，就夠了。

如同讀書與寫書一樣，出書是開心的、慶幸的，但也是內疚的、慚愧的。許多時候，撫著書香的拙著，重讀之後，看到其中有觀點思考不成熟之處，有文詞表達不到位之處，甚至有了錯別字，如此等等，不盡人意，於是，總是懊悔不已，只能懺悔了之。總是擔心，因此誤人子弟，害人害己。也因此，在這，誠懇地宣之於眾：讀吾書者，先讀吾心；心可尺度，書但參考。

談到出書，不能不說贈書。我那兩本小冊子在斯里蘭卡舉辦首發式活動圓滿後，我將第一套兩本現場贈予阿桑迦老師，然後，就是智嚴佛學院院長善法長老。

後來，從可倫坡南下，看望斯里蘭卡佛教的大護法馬欣達・拉賈帕克薩先生，當年承蒙厚愛，於可倫坡總統府，他親自頒予本人「佛教貢獻獎」。而今，於其老家府上，再次相見，有些感慨，吾親自為之戴上福州出

斯里蘭卡

品的漆器手珠外，就是將新出的兩本拙著贈送與之結緣。一年前，本人另三冊拙著於印度出版發行英文版，於第一時間，本人亦託在斯里蘭卡的學弟，辛苦一趟，送贈馬欣達・拉賈帕克薩先生與戈塔巴雅・拉賈帕克薩先生，目的為了讓該國的主流社會瞭解漢傳佛教，更為了讓他們知道：中國人，包括中國僧侶，向來知恩圖報，我們曾經喝過這裡的水，吃過這裡的飯，吸過這裡的空氣，住過這裡的房子，即便二十年後，我們也沒有將這裡遺忘，牽念依然。

近期，新冠肺炎疫情肆虐全球。開元山門從去年除夕今年正月初一到今日，尚於關閉之中。為此，上香看經坐禪念佛等之餘，本人便是一心讀書，一心寫書。我中有書，書中有我。感恩文殊菩薩的加持，今天，一部有關中華禪禪法介紹的書稿，終於法喜充滿地修正完成。可見，書中自有開口笑，書中自有光明燭；吾不負於書，書定不負於我也！

24

第九個口罩

戴上口罩，來日方長；

不戴口罩，人生苦短。

曾幾何時，小小一個口罩，事關生死？即便如僧，深居冶城開元禪剎，亦是口罩隨身，不離口鼻。那是在新冠肺炎橫行期間，也就是在這個黑色的初春，農曆的二〇二〇。

禪門有言，人居有分東西南北，人色可分黑白黃褐。但是，極善如佛性，不分。而極惡如瘟疫，我想，也一樣。此次，瘟疫的主人，無論與誰是否似曾相識，遇到誰？就與誰打招呼，碰到誰？就與誰套近乎。不分國家政治，不分種族宗教，不分男女老少，不分貧富貴賤。只分生死，只分誰是活人或誰是逝者。

為此呀，設身處地，將心比心，無論凡聖，我是感同身受。而今，悲憫如您，敬畏如我，在這舉國危急的時刻，也悄悄地，為開元芝山的菩薩聖像，小心地戴上了口罩，何況您我。

望著戴上了口罩的聖像，望著戴了口罩的僧團，寂坐於芝山臘梅樹下的我，在想：這次，口罩要戴的時間多長？是一周？是一月？還是更長？還是更短？

一日的清晨，從芝山觀音苑散步回到禪悅齋，於三吉堂上，看到禪榻上的口罩，吾突發異想：這場瘟疫，等我戴滿九個口罩，必就被消滅，必將無跡於華夏。於是，從此，吾戴過的口罩，不再每日一扔。而是，陽光之下，懸掛於開元丈室庭院的桂花樹上，以陽光消毒，反復利用，以周為限，更以月為限。周而復始，更月而復始。假如，不可思議，果真這般，那麼，屈指一算，當是從今以後之六十三日

或從今以後的二百七十日呀。

如吾如眾所知，靈山的佛陀之法，是大信之法，是大願之法，是大行之法。瘟疫當前，可曾眾生，可曾堅信：正念必勝邪念，善法必摧惡法！可曾誓願：願消瘟疫，願代眾苦！可曾力行：予畏怖者安心，予無助者依靠！與幸運者同慈，與苦難者共悲！

由於平安的需要，健康的需要。為了服從大局，配合當局。從去年十二月除夕，今年正月初一到正月十五，乃至如今。開元禪剎山門緊閉，開元僧團日夜閉關，千年鐵佛依然威嚴，山僧老衲鬚髮任長，以之明吾心志，一心抗疫。誰行殺生，誓不兩立。只是，何時才該剃除鬚髮？是疫情結束？還是山門洞開？

蕭梁古剎，冶城開元。開元曾有古碑，文說：「斷予一臂，衛之一方」，「斷一臂，誓誠也，衛一方，保眾也」。又說：「焦山草木，不得不蘇；苦海波瀾，不得不枯」。以此，衛一方土，保一方眾。從而，「閩山永高，閩江永清」。

為此，住山本性，於這丈室，竭誠祈祝：好人，一生平安！至誠問候：壞人，是否無恙！更是期待，第九個口罩戴上的日子，早點到來。

25

第五屆世界佛教論壇千僧齋

閩山蒼蒼，閩海泱泱。

豐碩的金秋，鳳凰山麓，木蘭溪畔，四海法友，善因和合，五洲賓朋，良緣共生。於此，吉時勝地，第五屆世界佛教論壇，於祈福聲中，莊嚴開幕，於熱烈掌聲中，祥和圓成。

在這論壇的精彩蓮朵中，有絢麗的一瓣，她有個吉祥的名字，叫做千僧齋。

千僧齋是慈悲的弘揚、是平等的彰顯、是惜福的體現、是六和的象徵。警醒我們於人世要有敬畏，更提醒我們於世間需要感恩。因為慈悲，齋前施食，普施十方，普度十方。因為平等，施齋千僧，普同供養，平等供養。因為惜福，羅漢菜湯，珍惜粒米，不可浪費。因為六和，座次排列，戒臘為據，長幼有序。要有敬畏，因為，三心未了，滴水難消。需要感恩，因為，一粥一飯，來之不易。

這千僧之齋，如恆河之水，如黃河之浪，從古至今，源遠流長，依之有據，傳之有序。

《增一阿含經》言：「能施眾僧者，獲福不可預計。」《盂蘭盆經》說：「若能以飯食、臥具、醫藥供養十方僧眾，藉此十方僧眾清淨共修，功德回向之力，能使供養者，往昔七世父母、六親眷屬得遠離三惡道，現世父母及其本人，長壽無病無惱，衣食自然俱足，身心安樂。」

因此，從印度王舍城的頻婆娑羅王，到中國的唐太宗，莫不供養千僧，莫不欣辦千僧齋會。

「不同狂客醉，自伴律僧齋。」唐代詩僧賈島如是吟。

齋僧傳統，就因隨緣，代有遷流，與時俱進，於今的新時代，又賦予了新的風貌，新的精彩。但又精髓亙古，堅守不變。

於第五屆世界佛教論壇的千僧齋會上，三人語系佛教領袖代表，主供臺上主法，臺前千僧齋集，靜時，一默如雷，動時，梵音彌天。

木蘭溪畔，鳳凰山麓，五洲賓朋，四海法友，此刻，一鉢在手，心存五觀：計功多少，量彼來處。忖己德行，全缺應供。防心離過，貪等為宗。正事良藥，為療形枯。為成道業，應受此食。

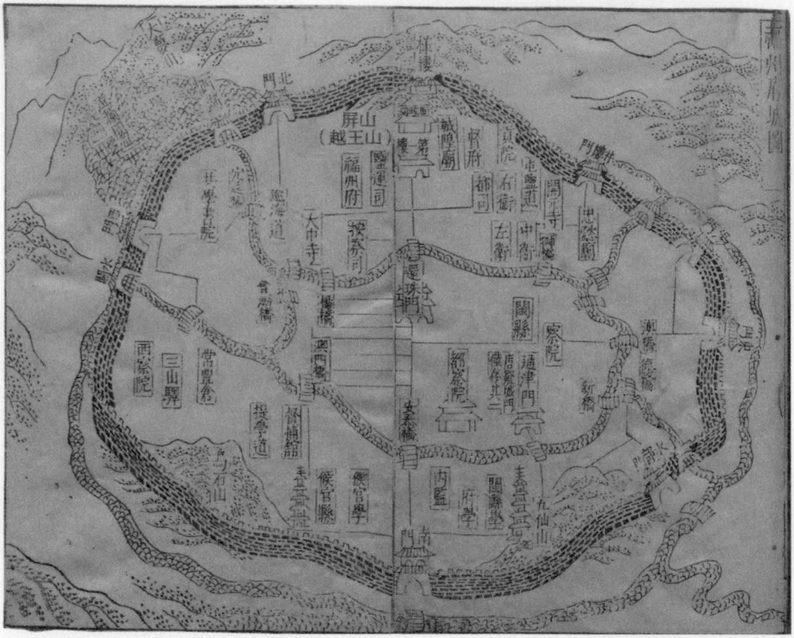

福州府城圖，越王山位於北門東北方。

26

閩都治城與開元

「閩之有城，自治城始。」治城（即今福州）為全閩第一城，至今已有二千二百多年的歷史。「治」字對於福州來說，有著異乎尋常的份量，承載著異常豐厚的歷史文化內涵，打通著閩都古城的傳統與現代！「治」字對於福州，既是古老的傳說、悠遠的歷史，又是新鮮的活力、現代的名片！

近日，筆者到冶山路及冶山春秋園一帶尋古探源，但見這裡坊路交錯，古樹蒼髯，林蔭蔽日，巨岩嶙峋，歐冶子鑄劍古迹、三皇廟五龍堂歐冶池官地、喜雨軒、劍光亭、福建都城隍廟、唐朝裴次元馬球場遺址、林則徐出生地、薩鎮冰故居仁壽堂、歷代摩崖題刻等，古蹟星列，跨越了福州城二千二百年的發展史。

尤其令人欣喜的是，為了「保護好傳統街區，保護好文物，保護好名城」，城市管理者、建設者們正將這裡的歷史古蹟串珠成線、連線成片，筆者在這裡看到了熱火朝天的環境整治、古蹟修復與景觀美化的場面。由此聯想到《福州古厝》序中所說的「當我們來到開元寺，它正自豪得意地向我們表述，大鐵佛是我們的先人掌握高超的冶鑄技術的證明——古建築有著豐富的人文內涵」；聯想到文物專家曾說的「在漫長的福州城市發展過程中，冶山一帶歷來是福州政治、文化、教育的中心」；又聯想到明年第四十四屆世界遺產大會將在福州召開，這是時隔十六年後，世遺大會第二次在我國舉辦，是我國尤其是福建、福州文化遺產傳承保護的重大契機……因此，筆者萌生了「福州應做足『冶』字文章」的想法。

公元前二〇二年，漢高祖劉邦復立無諸騶氏，即越王勾踐的十三世孫無諸為閩越王。無諸按西漢諸侯國制度，在福州建都城。一九九〇年以來，考古工作者陸續在冶山一帶發現刻有「萬歲未央」等字樣的瓦當、瓦筒等文物。冶山是屏山（亦名越王山）東支的一座小丘，因冶鑄而得名。《三山紀略》記載：「冶山者，冶鑄之地。」早在春秋戰國時期，中國古代鑄劍鼻祖、冶煉家歐冶子，就在冶山的池畔鑄造名劍，「歐冶池」是當年歐冶子鑄劍淬火的「劍池」。歐冶子是龍泉劍與湛盧劍等名劍的創始人，他發現了銅和鐵性能的不同之處，冶鑄出了中國第一把鐵劍。古代鑄劍名家莫邪、干將，相傳是歐冶子的女兒、女婿。

歷史上福州的冶鑄技術一直領先，開元寺大鐵佛就是福州古代冶煉技術高超的現存實物、實證。福州芝山開元寺是福州現存最古老的寺院，始建於南朝梁太清三年（五四九年），原稱靈山寺，後稱龍興寺，唐開元二十六年（七三八年），作為福州州寺，而更名為開元寺。開元寺所在的芝山，是越王山的支脈，芝山也叫靈山或靈芝山，因盛長靈芝的緣故。福州有「三山藏，三山現，三山看不見」之說，芝山為看不見的三山之一。開元寺曾是福州歷史上

歐冶池（Photo by GnuDoyng）

規模最大的寺院，全國十大名寺之一，其範圍按現在的地名來說，東起井大路，西至尚賓路，南達三牧坊，北跨龍山與芝山，當年約占城區面積的十分之一。

唐末五代時期，閩王王審知及其家族尊奉佛教，屢造大佛及毗沙門天王像於福州開元寺。唐昭宗天復元年（九〇一年），王審知在開元寺建壽山塔。九〇二年，他在開元寺建戒壇，度僧三千人。唐哀宗天祐三年（九〇六年），王審知在開元寺鑄丈六金身佛像一座、丈三菩薩像兩座。九〇七年，王審知在福州開元寺設二十萬人無遮大齋會。福州開元寺因此成為當時閩國都城的第一名剎。

閩王王審知

開元大鐵佛亦為王審知發起鑄造的大佛像之一。冶鑄技術上「一瀉而成」的福州開元寺大鐵佛，通高五點九五公尺，寬四點五公尺，蓮花座與佛全身皆古

開元寺大鐵佛

鐵鑄造，身內空，頭中實，總重量在五十二噸以上，是目前全國乃至全世界年代最早、重量最重的古代特大型藝術品鐵鑄件。其年代、高度、重量、材質、容顏、靈氣，可謂舉世無雙。開元大鐵佛的鑄造是歷史上中國佛教中心從陝西轉移到福建的標誌，也是歷史上福州冶鑄技術堪稱一流的實物證明，具有重大歷史、社會、科技、冶金、宗教、藝術等研究價值。

王審知治閩期間，保境安民，鼓勵農桑，發展貿易，對外開放，當時福建的礦冶業、製茶業、製鹽業、造船業等都很發達。《後漢書》記載：「舊交趾七郡，貢獻轉運，皆從東冶汎海而至。」位於福州開元寺門前的東冶港，在唐末五代泉州開港前，是福建省唯一對外貿易港口，福州因此成為中國最早的海上絲綢之路起點之一。三國時期，東吳景帝孫休於二六〇年在開元寺東側置典船校尉，負責組織在福州地區建船。唐代，朝廷指定開元寺接待外國僧人。印度大那蘭陀寺密宗高僧般若怛羅在此教學，日本佛教真言宗祖師空海大師、天臺宗祖師圓珍大師在此學習。日本遣唐使團大使藤原葛野麻呂和日本「書道三筆」之一橘逸勢等駐留於此。宋代，開元寺的經院巷曾是福建古代最大的經書刻印中心之一，開元寺刻印的國寶級經典《毗盧大藏經》，在海內外影響深遠。

古往今來，無數文人墨客在冶山以及開元寺一帶稽古考實，流連忘返，留下了眾多詩句，比如「江山舊是無諸國，樓殿今為極樂天」「夕陽仙觀孤鐘杳，夜雨歐池古劍鳴」「當年此是藏經地，鐵佛開元鎮本州」「托人佳夢，鑄成鴻爐……永茲一方，磐石其都」「開元寺隱冶城東，境靜能教俗慮空；鐵佛靈昭今古仰，芝山跡著邇遐崇」……誠如有識之士所說：冶山歷史文化風貌區，是整個福州城市發展的源頭與歷史見證，是閩都文化的露天博物館！

歐冶池是有確切史料記載的福州第一古蹟；開元寺大鐵佛是我們的先人掌握高超的冶鑄技術的證明！因此，筆者殷切期盼，福州能做足「冶」字文章，進一步規劃、整合、串聯這些與冶城古都相關聯的以「冶」著稱的古蹟景點，這其中，包括福州四大古厝之一的開元寺，讓閩都古韻在今天這個新時代，煥發出嶄新的、別樣的風采！

27

留雲光影

海東聖境，留雲光影。

留雲禪寺發源於留雲洞，著名於觀音菩薩信仰，人稱東海觀音菩薩道場，中國小普陀。

著名於佛教聖地同時，留雲禪寺還是眾口稱道的攝影勝地。海、灘塗、舟、島、雲、山、石、雕像、題刻、洞、樹、亭、臺、樓、閣，以及月缺月圓與日落日升，其之天地造化，其之巧奪天工，堪比南海洛迦山也，堪稱人間淨域與天上佛國也。

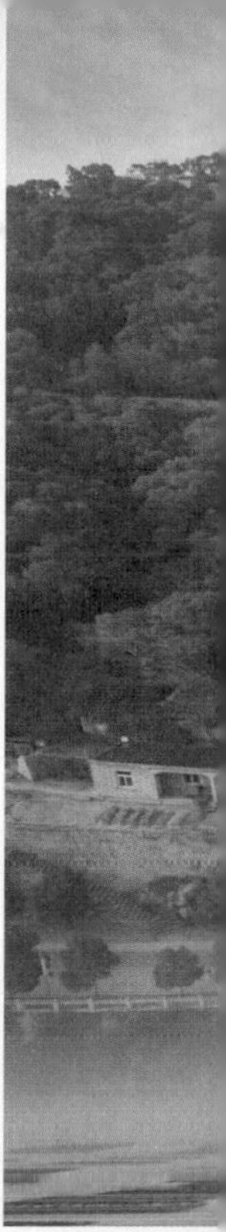

留雲禪寺睦鄰三沙名鎮。吾曾求學於鎮，啟蒙於寺，而後，又續緣於斯，乃是冥冥之中的緣份使然也。名鎮三沙，因其山海之勝，攝影資源豐富，人曰：光影小鎮。為了弘揚人本與人文佛教精神，並實踐佛教服務社區與鄉村的辦教理念，三沙留雲禪寺特設「留雲光影」空間，將佛教與攝影結合，以使共成同長，和合共生。

留雲不肯去，只為觀音來。

願留雲光影，留住觀音菩薩的慈雲，光煥大家的精彩。

三沙漁港碼頭（Photo by 中國鄭開亮 CC SA-BY 3.0）

28

行深致穩，行穩致遠

福建佛學院創辦於一九八三年，一直以來，重視講經說法。此次學院舉辦「清淨和合」講經交流會，吾就講經說法，與師生互勉如下：

「眾生慧命，繫汝一人，汝若不為，罪在汝身。」

吾一九八五年在江蘇常熟剃度出家，常熟屬地級市蘇州的一個縣級市。大家知道，在蘇州的虎丘山曾經流傳出這麼一個發人深省的「講經說法」典故，也就是「生公說法，頑石點頭」。

這個公案說的是：晉代高僧道生禪師忠於佛教主業，熱愛講經說法，深入經藏，智慧如海，一反當時佛教界普遍認為「一闡提人沒有佛性」「一闡提者不可成佛」的觀點，堅定提出「一闡提者皆有佛性」「一闡提人皆當成佛」的論斷。由於道生禪師的真知灼見一反常態，被當時佛教界斥為異端，導致被擯出僧團，逐出山門。為此，禪師從九江廬山流浪來到蘇州虎丘山，講經也沒人聽了，說法也沒人敢聽了。這對一個矢志弘法的高僧來說，是多麼困頓的一件事，怎麼辦呢？高僧可以失勢，但高僧怎可失志呀！於是，他就對著池中的蓮花講，蓮花為之開，他就對著樹上的鳥兒講，鳥兒為之鳴，他就對著山上的石頭講，石頭也為之點頭。宋代的蘇軾還為此寫了首詩，其中兩句就是：「斷弦掛壁知音喪，揮麈空山亂石聽。」是金子，總會金燦燦，是鑽石，終將光閃閃，後來，《大般涅槃經》從印度譯入中國，證明道生禪師論斷的正確。生公的「聚石為徒」，「群石點頭」等故事，也因此代代流傳。道生禪師的弘法事蹟，給了我們這些後來的「講經說法」者莫大的鼓勵，莫大的勇氣，莫大的信心，莫大的力量，莫大的啟示，莫大的法言！

「前事不忘，後事之師。」

作為今天的我們，又該如何忠於我們佛教的主業，把經講好，把法說好呢？本性慚愧，學修淺薄，但為了諸位的未來，為了佛教的復興，吾願在此，談些自己在講經說法上的體會，結緣、分享，糟糕的，引為教訓，精彩的，作為參考。我認為：

一、講經說法，不能無視時間與空間

《阿含經》講：「此有故彼有，此生故彼生，此無故彼無，此滅故彼滅。」這說明，因緣生法。沒有因緣，也就沒有萬法。

講經說法，為何不能無視時間與空間？因為，時間是重要的因緣，空間也是重要的因緣。時間不同了，因緣也就不同，比如，盛唐時代，巍巍中華，玄奘西行，鑒真東渡，天下來朝，協和萬邦。而在清末民初，八國聯軍，橫行帝都，強鄰日本，破籬焚屋，國弱民窮，家破人亡。盛唐時代與清末民初，在時間上，是歷史的兩個不同節點，眾生，尤其人類，在不同的時間上，他的稟性，他的需求是不一樣的。講經說法是應病予藥，不一樣的病，當然是給不一樣的藥。因此，當我們弘法時，不能不考慮時間的因緣。

同樣的道理，對空間也一樣。我們無法把同樣是小國的歐洲盧森堡與美洲海地進行對

比。前者是那樣的發達、富有、穩定、相對的幸福，而後者是那樣的落後、貧窮、動亂、絕對的苦難。對這兩個國家的眾生，講經說法，千篇一律，一律千篇，沒有差異化，沒有針對性，必然是有所缺失的。

這就是隨機說教，因材施教的問題，各有各的因緣，各有各的根基，所以，佛陀對國王，常說國土危脆，而對婦女，常說容顏易老，對小孩子，常說說謊危害，對商人，常說千金易失，對僧團，常說超越解脫。

時間無邊無際，空間無始無終，因此，法門也是無窮無盡，萬萬千千。為什麼四宏四願要我們「法門無量誓願學」，就是這個道理。

也就是，在講經說法上，說人說事，都是要隨機而說，對機而說。

二、講經說法，不能無視守正與開新

什麼是守正？就是繼承、傳承，承先啟後。什麼是開新？就是創造，創新，繼往開來。前面說過，因緣生法，因緣的世界，有情物生老病死，無情物成住壞空，或者說，生住異滅，無法恆常，剎那變化。佛陀開創的佛教也一樣，本性本質雖不變，但形式形象卻日異月新，隨著時空的變異而變異。

對於這種「不變」與「變」，我們要如何回應？我們針對不變的本性本質方面，要傳承，要繼承，要承先啟後，也就是要「守正」。這不變的，不能變，不該變，一旦變之，本性本質就變了，那就失去佛教的核心價值，丟失了佛教的生命靈魂，那也就不是佛教了。比如說，三法印、四聖諦、慈悲、智慧、以戒為師、尊師重道、因緣法，因果律等等。

針對變的形象形式，我們要創造、創新，繼往開來，也就是要開新。對這變的要順應，要接應。阻礙這種該變、應變的進程，對佛教的傳承與發展，並無益處。比如：我們能阻礙僧人坐飛機坐火車嗎？我們能阻止僧人用電腦手機嗎？我們能阻止僧人用毛筆宣紙嗎？我們能阻止僧人用中文英文嗎？顯然不行，但是，佛陀時代，原始佛教，那時的僧團都不曾用過這些。尤其是，我們能拋棄漢傳佛教的八大宗派嗎？這都是後佛陀時代、後印度佛教時代的產物。因此，該變的，還得變，要樂於接受變，創造著變，創新著變，只要這種變，是不違背佛教的核心精神。

佛教有個很好的句子，叫「不變隨緣，隨緣不變」，也就是，既要守住本質，又要隨順因緣；既要隨順因緣，又要守住本質。或者說，既要原則，又要靈活，既要靈活，又要原則。變與不變，同此理也。

今天，基於佛教傳承與發展的歷史規律，國家提出了宗教的中國化問題，與中國社會相適應問題，這既有教義依據，亦有歷史基礎，更是對佛教的「變」與「不變」，「守正」與「開新」的最好注釋。

也就是，講經說法，在內容與方法上，除了要守住根本外，也一定要與時俱進。

三、講經說法，不能無視言傳與身教

中國儒家講究知行合一。

而佛家呢？強調解行並進，

也就是我們常說的學修一體。

什麼是理論與實踐的相結合？指的就是這個。

作為講經說法者，那就是要言傳身教，要像佛陀一樣，說到的做到，以身作則，言行一致，言為身範。

當然，言傳很重要，這就是弘法。弘法是僧團的主業。從佛陀到十大弟子，他們一生除了弘法，還是弘法，夜坐日行，從不懈怠，直至生命的最後一息，佛教的三藏十二部經典就是由斯而來。佛教《百業經》就曾記載，曾經，昔普國王聞得前半偈「諸

行無常，是生滅法」，很高興，為了求得後半偈，受種種苦，寧捨生命，終得後半偈「生滅滅已，寂滅為樂」。可見，言傳，講經說法，是很有價值的，是很稀有的，說法的法師是很尊貴的，是很受人敬重的。

但是，我想，身教甚至更重要，更有感染力，更有攝受力，中國人常說：一默如雷，此時無聲勝有聲，大音稀聲，大象無形，空談誤國，實幹興邦。言說、言傳，雖然耳朵聽得見，但身教、身為，卻是眼睛看得見。古代高僧常教導我們，要把自己修成活動的道場，兼容言傳與身教，為什麼說，有了大願地藏王菩薩還不夠，還要有大行普賢菩薩，就是為了行願俱足，虛實相生。

只會說，不會做，缺陷是很大的，甚至充滿危害。有人說禪，而不坐禪，成了口頭禪。有人說佛，而不念佛，成了嘴邊佛。那麼，這禪這佛都是別人的，不是自己的。都是空中花，水中月，畫餅充饑，於事無補。三歲小兒說得，八十老翁行不得，就是這個道理。

也就是，講經說法，既要說給別人聽，也要做給別人看，既要說得好，更要做得好，不僅說的法要征服人，行的法更要征服人，同時，言行也都要對得起自己，將自己學修成言傳身教的統一者，不僅成為佛陀的代言人，更要成為佛陀的代行人。

四、講經說法，不能無視入世與出世

佛教有它的起始點，這是入世的，又有它的終極點，這是出世的。入世，指的是對人類在人世間苦難的拯救與解脫，而出世呢，就是要讓人類對老病死沒有恐懼與絕望，對百年之後的終極未來，充滿希望與樂觀。

有些人學佛過於入世，把佛教當做純文化、純哲學等來學、來講，忽視了佛教的宗教性。這很可怕，也很可悲。因為，一旦佛教失去了宗教性，就同世間的這個主義與那個主義一個樣，就變成了世俗的名堂，就沒有了神聖性。沒有神聖性的宗教，不叫宗教，沒有神聖性的佛教，更不是佛教。一旦佛教沒有了神聖性，那麼，因果、輪回、六道、極樂國土等等佛教的核心基石就沒有了基礎，這樣，佛教的大廈就只有倒塌，當年，佛陀就批判過斷滅論，這斷滅論就是否認出世的神聖性。

佛教由佛法僧三大要素組成。此中，法的真理就包含佛陀說的三藏十二部經典。這些經典中，哪幾本沒有說到出世的內容？《彌陀經》《地藏經》《藥師經》《彌勒上生與下生經》《觀世音菩薩普門品》《普賢行願品》，等等，哪個不在為我們構建著美好的出世圖景？只要我們據之依教奉行，就有機會獲得出世，從而明心見性，見性成佛，或帶業往生，蒙佛接引。

當前，有些四眾弟子對「人間佛教」的內涵與意義，有著錯誤的認知，以為「人間佛教」就是「世俗佛教」，因此，他們只知入世，不知出世。他們否定超自然的力量，認為經中所講種種奇蹟，只是為了度化眾生的方便法門，這是在有意或無意地深挖佛教這棵大樹的根，是毀教行為，是滅教之徒。其實，人間佛教依然是「神聖佛教」，只是，為了以此佛教度化人間，淨化人間，解脫人間，成就人間，以服務人間作為學修進步的法門，以服務眾生作為提升成佛的資糧。透過利人，獲得利己，透過覺人，獲得覺己。透過世間，進入出世間，透過入世，邁向出世。我認為，這才是人間佛教的真諦。

也就是，入世與出世，世俗與神聖，不是對立的，也不是分割的。我們要理清這兩者的邏輯關係，辯證關係，圓融關係，不能只入世，只世俗，而忘了出世與神聖。保有佛教的神聖性，宗教性，佛教才有靈魂，也才有千丈的根鬚，也才有萬丈的天梯。

佛在世時我沉淪，佛滅度後我出生，懺悔此身多業障，不見如來金色身。

從二千五百年前的佛陀與十大弟子，到今天的我們，其實，不忘初心，堅守主業，講經說法，度化眾生，這是件很不容易的事，很艱難的事，但又是佛教四眾弟子，必須去做的事，應該去做的事，它事關佛教命運的興衰，事關佛陀法脈的傳承延續。這既是四眾弟子的責任

所在，也是四眾弟子的使命所在。更事關眾生的煩惱與解脫，沉淪與提升，社會的濁亂與清平，世界的災難與和順。

「人生難得今已得，佛法難聞今已聞，此身不向今生度，更向何生度此身？」

29

有法在心，最是富貴

本人一直志於：講經說法，坐禪念佛，教書育人，著書立說，建寺安僧，慈善公益。近日，福建佛學院舉辦「正見圓融」講經交流會。就講經說法，吾與師生作如下交流：

一、**講經說法，僧團主業**

佛陀菩提樹下悟道，悟的是法。佛陀傳教四十九年，傳的是法。

佛陀一生走南闖北，千辛萬苦，留下的遺產就是法，即三藏十二部。

佛教史上最早的五比丘，因為佛陀追求法，所以，就心甘情願地追隨佛陀去苦行。當他們自認為佛陀放棄了對法的追求，於是，他們也就忍痛地離開了佛陀，忍痛地離開了曾經的主人。當佛陀得法證悟後，五比丘又欣喜地回到佛陀身邊，為法而聚。

佛陀十大弟子也一樣，他們各具特色，各有因緣，但也都圍繞求法、得法、弘法、證法之路，走向生命的光明頂峰。

可以說，僧團就是為法而來，為法而生！也就是說，僧團的主業就是講經說法。有謂弘法利生，如果失去了「弘法」的基礎，「利生」的大廈便無從構築。

二、**法傳不易，四眾珍惜**

有人不愛江山，不愛美人，惟愛佛法，此人即佛陀。一部佛陀簡史、一部祖師簡史、一部佛教簡史，告訴我們，佛法之傳承多麼不易。佛法從印度到中國，向世界，是一部汗水淚水史、是一部犧牲史、是一部奉獻史、是一部救亡圖存史。

「諸法無常，是生滅法」「生滅滅已，寂滅為樂」，佛陀當年為求半偈，寧捨生命，真是「朝聞道，夕死可矣」。

禪宗二祖慧可，雪地之中斷臂求法，白雪紅血，相互驗證，求法之心，天地可鑒，方得以法安心，傳燈續焰。

更有法顯南行為法；玄奘西行為法；鑒真東行為法；他們皆是九死一生，「寧可前進一步死，不肯退後一步生」，「為大事也，何惜生命」。

「生公說法，頑石點頭」的典故也一樣，說明了佛法傳承之不易，傳承佛法之可貴。為此，四眾弟子們呀，要珍惜法，向女皇武則天學習，她寫的開經偈就讓人很感動，偈說：「無上甚深微妙法，百千萬劫難遭遇；我今見聞得受持，願解如來真實義。」

「遠紹如來，近光遺法」，今天，佛法的傳承使命落在了我們大家的身上，願大家效法前賢，從前賢的身上得到信心與力量！

三、有法在心，最是富貴

有人說，要守道安貧，要樂道安貧。我想為之改一字，改為「守道安富」「樂道安富」。我認為，守道者從來不會貧窮，樂道者從來不會貧窮。有道就是富貴，樂道就是富貴。

佛陀的高貴無上、富貴無比、尊貴至極，這不是因為他是江山的擁有者，而是佛法的擁有者。

有次，佛陀說法，見迦葉在座，便招呼迦葉到自己身邊，讓出自己半座，請迦葉坐下，請迦葉說法。後世，說法人生，也叫半座人生。迦葉因為有法，得到佛陀敬重。

為什麼說僧團是「人天師表」，因為，堪為導師，以法化導世間，就如儒學先聖孔子，人稱「萬世師表」。也因為僧團有法，受到人天愛戴！

南北朝的佛圖澄法師誦經持咒，講經說法，鉢中生蓮，人稱「舌燦蓮花」。南北朝的雲光法師講經說法，繪聲繪色，說到精彩處，天上香花飄落，人謂「天花亂墜」。

我想，能得佛陀敬重，能得人天愛戴，能夠舌燦蓮花，能夠天花亂墜，這就是大高貴，就是大富貴，就是大尊貴，僧團的貧富從來不以金錢、權位與名利來衡量，而以是否擁有佛法為標準。也因此，諸位法師與學僧雖然每月只領取低微的單資，但我從來不認為各位都是貧僧，相反，我認為諸位是真真確確、實實在在的富貴僧。因為，您們有法在身，有法在心，最是富貴。

四、為法而來，初心不退

佛運怎樣才能不衰？法運怎樣才能不敗？僧運怎樣才能不墜？三寶共運怎樣才能長久？關鍵是：四眾弟子是否為法而來，是否為法而生，是否初心不退，是否初心彌堅。當年，慧能得法，攜衣缽，因為時節因緣，避走南華。有行武出身的僧人惠明，趕上慧能，欲奪衣袍，慧能因此置衣石上，說：「此衣表信，豈可力爭。」惠明搬衣不動，方才醒悟，乃說：「為法而來，不為衣來」。

我們大家是為法而來，還是為其他什麼而來？三寶門中，除了佛法重如須彌山岳，貴若摩尼寶珠，其他還有什麼？我想沒了！這裡既不是有權的地方，也不是有錢的地方，既不是有名的地方，也不是有利的地方，既不是談情的地方，也不是說愛的地方，既不是吃好的地方，也不是穿好的地方。為此，如果我們忘了初心，去了初衷，把法抛到腦後，讓法沉入海底，那麼，我們就什麼都沒有了，也就什麼都不是了。那麼，佛也就白學了，僧也就白當了。

30 做個有根知根與歸根的人

《漢書．翼奉傳》言：「木落歸本，水落歸末。」宋．釋道原《景德傳燈錄》卷五記載：六祖惠能將涅槃時，答眾云：「葉落歸根，來時無口。」陸游則講：雲閑望出軸，葉落喜歸根。為此，曾子在《論語．學而》中要求：慎終追遠。一旦如此，則「民德歸厚矣」。這也是為什麼俗話說：樹高千丈，葉落歸根。

歸根思想，我以為，是中國傳統儒家文化的核心之一，因為歸根，所以溯源，因為溯源，所以尊祖祭祖，光宗耀祖。

祖宗，不單體現在人，也體現在物以及時空。父母、爺爺、奶奶，這將成祖宗，而家鄉祖籍、母國祖國、人間地球也是我們的祖宗。也因為這，許多人老少出門去，背景離鄉，生死難測，但不拚出點模樣來，就不回家鄉，不見父母，甚至不回祖國，乃至訣別地球人間。反過來說，混出名堂了，風生水起了，就衣錦還鄉，榮歸故里。比如，高祖劉邦就是這樣。

高祖思沛，置酒沛宮，與父老子弟縱酒，酒酣擊節，歌曰：「大風起兮雲飛揚，威加海內兮歸故鄉，安得猛士兮守四方。」韓信也一樣，當上楚王，回到故鄉，報恩報仇，一同辦了。

因為「歸根」在中國人思想中的地位，所以中國人以咒罵人祖宗八代為最惡毒之咒罵，以掘人祖墳為最大的侮辱。

因為這歸根文化，便有了祠堂文化、姓氏文化、家譜文化等等。

這歸根思想讓我們走出去，也讓我們走回來。知出也知歸，否則，走遠了，誰會懂得或記得或想要回來呢？因此，歸根思想，解決了我們大家一直尋求解決的問題，即：從哪來？到哪去？從哪來？從家來！到哪去？回家去！從父母那來，回父母那去。這也回答了我是誰與誰是我的問題。我是誰？我是父母的兒女，是祖宗的後代；而祖宗，則是我們的先輩，是我們的父母。這之間，血緣親緣情緣，緣緣相繼相續。

在佛教也一樣。儒講血緣、宗族；而佛家也講法緣、宗派。儒講故鄉，佛講祖庭。儒講父母，佛講師父。同時，佛教中又有報四恩之說，即報答父母、師長、佛教、國家之四恩。可見，佛教的歸根思想，則是融匯了佛儒的，是兩者的結合。

歸根思想，歸結之，即忠孝思想。不忘父母、師長、師父等之根，是孝；不忘家鄉、祖國、佛教等之根，則是忠。不忘初心，忠孝俱足，方得始終。

在歸根思想上，佛教的儒化則是佛教中國化、本土化，或者說漢化、中華化的具體例證。

當然，本文所說——歸根，指的是世間化的問題，如從出世間化上講，佛教的歸根，當是歸向終極的「明心見性」「解脫成佛」。作為一個人，尤其，作為吾之弟子，除了追求出世間的終極目標外，我們不能忘了在此世間的根，我們要做個有根的人，我們要做個知根的人，我們要做個歸根的人。

攝心守意 眼觀何處 / 禪和尚本性著. -- 初版. --
高雄市：上趣創意延展有限公司, 2021.03
面； 公分. -- (本性相見歡系列；4)
ISBN 978-986-91880-8-1(平裝)

1.佛教修持

225.87 110003152

本性相見歡系列 | 04

攝心守意 眼觀何處

作者	禪和尚 本性
總策畫	佛圖網（www.photobuddha.net）
藝術總監	宓雄
主編	上趣智業（www.summit.cc）
	周燕
美術編輯	陳育仙
發行人	李宜君
出版	上趣創意延展有限公司
地址	（80457）高雄市鼓山區中華一路316-2號6樓
電話	（07）3492256
網址	www.summit.cc
郵撥帳號	42321918上趣創意延展有限公司
總經銷	紅螞蟻圖書有限公司
地址	（114）台北市內湖區舊宗路二段121巷19號
電話	（02）2795-3656
傳真	（02）2795-4100
印刷	成陽印刷股份有限公司
出版日期	2021年4月初版一刷
定價	200元

ISBN 978-986-91880-8-1